TROPICÁLIA OU
PANIS ET CIRCENCIS

Pedro Duarte

TROPICÁLIA OU PANIS ET CIRCENCIS

Cobogó

SUMÁRIO

Sobre a coleção **O LIVRO DO DISCO** — 7

Introdução: Um retrato em movimento do Brasil feito por um disco — 11

CLOSE
Tropicalistas em tempos sombrios: arte e política — 27

1. O disco na sua época — 29
2. Da revolução à rebeldia — 47
3. Eros e civilização — 61

PLANO MÉDIO
Do resguardo à vanguarda: música após a Bossa Nova — 75

1. Um álbum coletivo — 77
2. Linha evolutiva na canção popular — 91
3. Manifesto crítico na sociedade — 105

PLANO GERAL
A antropofagia na era da reprodutibilidade técnica — 117

1. Nacional e universal — 119
2. O pop e a indústria cultural — 133
3. A alegoria da geleia geral — 145

Notas — 157

Sobre a coleção O LIVRO DO DISCO

Há, no Brasil, muitos livros dedicados à música popular, mas existe uma lacuna incompreensível de títulos dedicados exclusivamente aos nossos grandes discos de todos os tempos. Inspirada pela série norte-americana 33 $1/3$, da qual estamos publicando volumes essenciais, a coleção O Livro do Disco traz para o público brasileiro textos sobre álbuns que causaram impacto e que de alguma maneira foram cruciais na vida de muita gente. E na nossa também.

Os discos que escolhemos privilegiam o abalo sísmico e o estrondo, mesmo que silencioso, que cada obra causou e segue causando no cenário da música, em seu tempo ou de forma retrospectiva, e não deixam de representar uma visão (uma escuta) dos seus organizadores. Os álbuns selecionados, para nós, são incontornáveis em qualquer mergulho mais fundo na cultura brasileira. E o mesmo critério se aplica aos estrangeiros: discos que, de uma maneira ou de outra, quebraram barreiras, abriram novas searas, definiram paradigmas — dos mais conhecidos aos mais obscuros, o importante é a representatividade e a força do seu impacto na música. E em nós! Desse modo, os autores da coleção são das mais diferentes formações e gerações, escrevendo livremente sobre álbuns que têm relação íntima com sua biografia ou seu interesse por música.

O Livro do Disco é para os fãs de música, mas é também para aqueles que querem ter um contato mais aprofundado, porém acessível, com a história, o contexto e os personagens ao redor de obras históricas.

Pouse os olhos no texto como uma agulha no vinil (um cabeçote na fita ou um feixe de laser no CD) e deixe tocar no volume máximo.

O Tropicalismo está no fim. E apenas demos os primeiros passos de uma longa travessia.
Torquato Neto, 1968

Introdução:
Um retrato em movimento do Brasil feito por um disco

Escutar o álbum coletivo *Tropicália ou Panis et circencis* traz à experiência musical atual um paradoxo típico das artes de vanguarda do século XX: por um lado, sua força inovadora permanece viva e mesmo surpreendente para quem desconhece as obras do grupo que o criou; por outro, cerca de meio século depois de seu lançamento, em 1968, as canções nos chegam agora como clássicos definitivos da cultura do Brasil. O que era manifesto virou documento. Suas figuras principais, Caetano Veloso e Gilberto Gil, tornaram-se protagonistas tanto da música quanto da vida social do país: o primeiro vem exercendo o papel de intelectual e o segundo foi, por anos, ministro da Cultura. Isso dá a medida da canonização do disco e do movimento estético tropicalista que os teve à frente, confirmada pelas teses universitárias a seu respeito. Vaiada nos festivais da canção dos anos 1960, a Tropicália contagiou outras artes e hoje é celebrada pelos museus do Brasil, onde se tornou obrigatória na música popular que profanara, chegando a eclipsar outras tendências. No mundo, o movimento é objeto de exposições, além de assumido como referência por músicos como Kurt Cobain, David Byrne, Beck e Devendra Banhart.

O paradoxo dos processos triunfais na arte é que a novidade crítica pode ser domesticada quando a sociedade a absorve, mas simultaneamente é só assim que ela segue adiante e se dissemina. Isso é crucial sobretudo em se tratando de uma vanguarda na canção popular. Não é segredo que, no Brasil, ao menos desde o samba, a vida musical cruzou elementos de classes sociais distintas, assumindo uma imagem utópica para um país que dificilmente a acharia alhures, na política, por exemplo. O que nos faltaria na história concreta — o sentimento de unidade na diversidade — seria compensado, e com sobras, na imaginação cultural. Contudo, não é tão evidente assim que, como ocorreu na Tropicália, a música tivesse, além do quinhão popular, uma pretensão de vanguarda. Isso deu à poética tropicalista uma tensão própria. De um lado, havia o impulso para experiências de linguagem e desafios formais, assim como os movimentos estéticos que varreram a primeira metade do século XX. De outro lado, o impulso, neste caso, era associado à força popular da canção já de saída, o que lhe vedava proteção diante das exigências do público, ou seja, aquele recuo para a construção de obras — não raro difíceis — que muitos artistas de vanguarda tiveram. Os tropicalistas estavam lançados na sociedade — e no mercado — pela natureza histórica da arte que eles praticavam no Brasil, a canção, mas queriam fazer dela uma experiência vanguardista. Daí a conjugação, no movimento, entre tradição e modernidade.

Não basta, entretanto, só pensar como a Tropicália aparece no Brasil, mas também como o Brasil aparece na Tropicália. Pois sua novidade residia em um retrato do país. Na canção que nomeara o movimento, "Tropicália", já na primeira frase fala-se da carta de Pero Vaz de Caminha, escrivão da Armada portuguesa de Pedro Álvares Cabral quando ela, em 1500, encontrou este território que depois seria chamado de Brasil. Em suma, a fundação histórica do país está citada desde a abertura da trajetória estética dos tropicalistas. "Eu inauguro o monumento no planalto central do país", cantava Caetano. Embora essa música pertença ao disco *Caetano Veloso*, gravado ainda em 1967, o que encontraremos no ano seguinte no álbum coletivo homônimo a ela, *Tropicália ou Panis et circencis*, continua atado a este pensamento sobre o país, examinando o que ali se chamaria de "geleia geral" brasileira. Nesse sentido, a Tropicália elaborou na música popular uma forma de pensamento sobre o contato do Brasil com o Ocidente, tendo em vista tanto o seu subdesenvolvimento frente aos ganhos civilizatórios de origem europeia como a sua afirmação culturalmente singular no entendimento da vida. Nem o ufanismo ingênuo nem a autodepreciação colonizada, a Tropicália produzia uma crítica alegre ou uma alegria crítica do Brasil.

Não era o caso, contudo, de encontrar o símbolo definitivo da nação. Pelo contrário. Em vez de reduzir a diversidade do país a uma identidade essencial, os tropicalistas exploravam a potência de sua multiplicidade histórica. Nada ficaria fora do "retrato em movimento do Brasil", conforme o descreve Caetano no livro *Verdade tropical*, pois se tratava, antes, de "colocar lado a lado imagens, ideias e entidades reveladoras da tragicomédia Brasil, da aventura a um tempo frustra e reluzente de ser brasileiro".[1] O procedimento era de justaposição das imagens, e não de subsunção delas num conceito único e geral. Colocando lado a lado, e sem mediações, elementos de brasilidade, chegaríamos a uma lista monstruosa, mas verdadeira. Ela aparece desde a canção "Tropicália" até o disco *Tropicália ou Panis et circencis*. Nesse aspecto, a poética tropicalista distinguia-se do método através do qual a tradição intelectual brasileira costumou fixar a identidade nacional em um retrato estático do país. O retrato tropicalista se faz em movimento. O ser está no devir. Por isso, sua história do Brasil é aberta. O Tropicalismo é sincrético, e não sintético; o que é corroborado pela interpretação do próprio Caetano, para quem "a palavra-chave para se entender o Tropicalismo é *sincretismo*".[2]

Na canção nacional do fim da década de 1960, em geral polarizada entre o engajamento representado por Geraldo Vandré, a diversão encarnada por Roberto Carlos e a poesia simbolizada por Chico Buarque, o som tropicalista era desconcertante. Diferente de tudo e permeável a tudo. Se a Bossa Nova da década de 1950 foi, nas palavras do crítico Walter Garcia, "a contradição sem conflitos de João Gilberto",[3] o Tropicalismo foi a contradição cheia de conflitos de Caetano Veloso. O sincretismo do movimento ia da concepção geral de cultura (como heterogeneidade amalgamada) à prática musical (que incluía um pouco de tudo, configurando mais um estilo e menos um gênero tecnicamente definido). "Nas gravações tropicalistas podem-se encontrar elementos da Bossa Nova dispostos entre outros de natureza diferente", notaria Caetano, "mas nunca uma tentativa de forjar uma nova síntese".[4] Resultava disso algo novo. O poeta e crítico Augusto de Campos, lançando mão de uma categoria da antropologia de Claude Lévi-Strauss, identificou aí o método de bricolagem[5] e Celso Favaretto classificou tal linguagem de caleidoscópica.[6] Reconhecia-se que, ao invés de uma coesão totalizante, a canção tropicalista era estilhaçada e aberta ao mundo, como a experiência da cidade moderna de que partia e a imagem de país resultante.

Tratava-se de uma experiência moderna que expressava aquilo que, ainda no começo do século XX, o pensador alemão Siegfried Kracauer chamara de culto da distração. Diferentemente da clássica reprovação feita à percepção acelerada da realidade e do elogio feito à atenção estética concentrada, Kracauer conferia à distração a prerrogativa de uma visão ampliada na sociedade das massas. Nela, a dispersão não seria um fim em si, mas atuaria como sinceridade histórica frente à desordem social, mantendo assim sua tensão. "Na pura exterioridade, o público encontra a si mesmo", uma vez que, escrevia Kracauer, "a sequência fragmentada das esplêndidas impressões sensoriais traz à luz a sua própria realidade".[7] Tanto a forma das canções dos tropicalistas quanto o seu conteúdo acerca do Brasil operam contando com esse culto da distração. Buscavam, assim, inverter um processo da história da música moderna para o qual a crescente fragmentação acarretaria um hermetismo complicado que cortaria a comunicação com o público. Compuseram peças sem a antiga totalidade orgânica e, mesmo assim, populares. Não tinham a perfeição clássica, mas encantavam. Faziam parte da história da música que "tem dissolvido criticamente a ideia de obra redonda e compacta", como diagnosticara o filósofo Theodor Adorno, entretanto recusaram o efeito que ele previa para esse processo, que era a música ter "cortado a conexão do efeito coletivo".[8]

Vanguarda na canção popular, o disco *Tropicália ou Panis et circencis* tinha mais na montagem cinematográfica fracionada — e menos na sequência completa linearizada — sua composição. Na contracapa, há o pedaço de um roteiro ficcional, com diálogos dos músicos. O cinema estava em sintonia com o culto moderno da distração das canções dos tropicalistas. "Para mim, 'Tropicália' está para a música brasileira como *À bout de souffle* está para o cinema",[9] declarou Glauber Rocha. O cineasta brasileiro, cuja obra foi decisiva para a Tropicália, observava a analogia com o cinema francês de Jean-Luc Godard. Mesma analogia foi apontada por um dos compositores presentes no disco, Torquato Neto, para quem adorar Godard e *Pierrot le fou* implicava igual aceitação da canção "Superbacana".[10] Sem dúvida, o experimentalismo de Godard, sobretudo na montagem sem linearidade das imagens, relacionava-se com a forma das canções tropicalistas. O poeta Décio Pignatari também comparou "Alegria, alegria" a Godard.[11] Este cinema que fazia as imagens sucederem-se umas às outras imediatamente, sem que o seu ritmo fosse sintetizado em uma só, surtia o efeito que — após essas canções de 1967 — *Tropicália ou Panis et circencis* manteria no retrato em movimento do Brasil.

Interpretando o país, os tropicalistas buscavam não um símbolo clássico que o representaria perfeitamente, e sim as alegorias barrocas que significariam seus contrastes: samba e rock, rural e urbano, belo e feio, nacional e cosmopolita, dentro e fora, velho e novo, alegria e tristeza, mito e razão, arte e mercado, lírico e épico. O movimento expunha impasses, em lugar de resolvê-los. Os contrastes opositivos da cultura brasileira, se gerariam problemas, também gestariam suas maravilhas. Faca de dois gumes. Nem tudo que é antigo é atrasado. Nem tudo que é moderno é degenerado. Os tropicalistas, como no bordão do Chacrinha, vieram para confundir. Incorporavam antagonismos numa violenta explosão de imagens díspares e acordes dissonantes, enfrentando o desafio da geleia geral. Só que o sucesso histórico transformou por vezes o que era desafio em certeza, o que era provocação em conformismo. O êxito comercial do Tropicalismo ameaçaria fazer da tensão uma acomodação. Sua argúcia crítica dependia de manter sempre teso o arco de contrários do Brasil. O problema é que, "sobre o fundo ambíguo da modernização, é incerta a linha entre sensibilidade e oportunismo, entre crítica e integração", como apontou Roberto

Schwarz, o principal intelectual opositor do Tropicalismo.[12] Seu ataque devia-se à ausência, nesta poética do movimento, de superação das contradições apontadas,[13] que ganhariam um caráter absurdo.

Realmente, o Tropicalismo suprime das suas imagens de Brasil a solução para os conflitos que anuncia. Mesmo porquê, eles seriam uma espécie de veneno-remédio, como toda droga, ou seja: às vezes responsáveis por nossas doenças, às vezes por nossa saúde. Nesse sentido, os tropicalistas buscavam menos a síntese que uniria as oposições com as quais trabalhavam, deixando-as para trás, e mais uma "configuração saturada de tensões" que "comunica um choque", para empregar a terminologia do filósofo da primeira metade do século XX Walter Benjamin.[14] Impor uma síntese seria desfazer as tensões. Em *Tropicália ou Panis et circencis*, ficamos entre o arcaico e o moderno. Há macumba e Batman, boi do folclore e LP de Sinatra, a *Carolina* de Chico Buarque e o iê-iê-iê de Roberto Carlos, bandeirolas no cordão e parque industrial, as três caravelas de Colombo e uma lanchonete, céu de anil e inferno, o coração materno que o camponês arrancou e a cidade que eu plantei para mim: a alegria é a prova dos nove, mas a tristeza é o porto seguro. É o choque da diferença que dá força às imagens. O passado deve ser atualizado, não superado. O "conceito fundamental não é o progresso, mas a atualização",[15] diria Benjamin. O paradoxo resistia à dialética. Não há síntese por vir do tempo histórico, há uma atuação presente dele através de suas inúmeras tensões passadas e futuras.

Os tropicalistas desconfiavam das forças supostamente civilizatórias que o progresso encarnaria. Na canção "Parque industrial", Tom Zé anunciava cheio de ironia que "o avanço industrial vem trazer nossa redenção". Na verdade, tratava-se antes de denunciar o engodo dessa crença, já que a própria palavra "redenção" situa o progresso no campo de uma ideologia supersticiosa. Tudo piorava, pois a ditadura no governo do Brasil, desde 1964, nada tinha contra o avanço industrial, ao contrário, ela o estimulara em um processo de modernização econômica que, porém, mantinha-se com as estruturas retrógradas de poder. O questionamento do progresso, politicamente, incidia também sobre esse projeto autoritário de país. Conceitualmente, a pergunta era sobre o sentido do ímpeto produtivista oriundo da ocidentalização completa. "Na preguiça, no progresso", cantava Nara Leão em "Lindoneia", explorando a ambivalência entre vagar e pressa, descanso e trabalho, contemplação e ação que, desde o Modernismo nos anos 1920, colocara-se como um desafio para a cultura brasileira. Os tropicalistas gostariam que a alegria do prazer pudesse servir de princípio para a vida social coletiva, mesmo que fossem conscientes, e cada vez mais, do período sombrio que estavam vivendo.

O pensamento e a poesia tropicalistas explicitaram-se no disco coletivo do movimento: *Tropicália ou Panis et circencis*. Se o tratássemos como personagem de um filme, veríamos imagens distintas caso privilegiássemos a sua tomada em close, plano médio ou plano geral. No close, apareceria um rosto particularmente concentrado, pois o movimento tropicalista, embora já estivesse brilhando, agora ganhava nítida definição. O disco reuniu seus integrantes, liderados por Caetano Veloso, numa só obra em 1968. Endurecia a ditadura no Brasil e este close revelaria no detalhe — ao contrário do que poderia parecer — um semblante atento e forte do Tropicalismo, pronto para cantar e discursar, tocar e denunciar: há sangue, policiais vigiando, assassinato, perseguição e violência em todo o álbum. Já no plano médio, veríamos um corpo vestido de roupas coloridas, provocando a sociedade. O personagem destoaria da sobriedade elegante de seu antecessor, a despeito de continuar seu caminho: a Bossa Nova dos anos 1950. Daria à música um caráter mais participativo e vanguardista junto às outras formas de arte. Por sua vez, no plano geral observaríamos, sob luz intensa mas crepuscular, o último herói do período da arte brasileira aberto na década de 1920 com o Modernismo: atrelava-se vigor de movimento, atualização da linguagem estética para o tempo presente e uma reflexão crítica sobre o processo de modernização do país.

O filme traria, no close, o contato do disco com a política nacional, mais uma vez vivendo uma ditadura após vinte anos; no plano médio, com a evolução vanguardista da música brasileira tradicional; e, no plano geral, com a história cultural do país, tornada massificada e mercadológica. Em todos os enquadramentos, enxergamos uma novidade para a canção da época. Não era o protesto de Geraldo Vandré; o entretenimento de Roberto Carlos; ou a tradição de Chico Buarque. Era Tropicália. Seus autores formaram-se na promessa de felicidade democrática no ínterim dos anos 1950: após a ditadura de Getúlio Vargas, antes ainda a dos militares. Seu movimento, porém, só nasceu no regime autoritário inaugurado no golpe de 1964. Eles aproveitaram o breve momento do processo modernizador do Brasil que atrelou, dialeticamente, a produção cultural libertária ainda indomada a um governo ditatorial recente. Em 1968, essa combinação atingiu o ápice da tensão: criação e repressão simultâneas. Não foi fácil. Durou pouco. Caetano e Gil foram presos. Em 1969, seriam exilados. Por isso, quem não percebe o aspecto musical do disco *Tropicália ou Panis et circencis*, entende-o tão pouco quanto alguém que nele não ouve o eco da ditadura.[16] Forma e história estão juntas.

No close sobre *Tropicália ou Panis et circencis*, podemos ver que, de 1967 a 1968, ou seja, do momento em que seus integrantes firmam-se na cena cultural do país até o lançamento do disco coletivo que os reúne, suas canções tornaram-se mais sombrias. Se a caminhada de "Alegria, alegria", cantada em festival de 1967, terminava ainda com um narrador afirmativamente dizendo "eu vou", já o passeio de "Enquanto seu lobo não vem", no ano seguinte, acabava "debaixo da cama". Isso se devia ao cerco opressor da ditadura, que apertava, e ao desdobramento da estética do Tropicalismo, que tentava evitar a diluição midiática proveniente de seu sucesso. O movimento tornava-se mais político, embora sem endossar o ideal revolucionário da esquerda marxista, na época intensificado pela Guerra Fria. Os tropicalistas foram sobretudo rebeldes, pois sua crítica à sociedade rejeitava a teleologia de projetos fechados de futuro. Isso explica sua distância, seja do populismo do Partido Comunista; da canção de protesto com fé na transformação social das massas; ou de intelectuais que interpretavam a totalidade da história só pela luta de classes. Impulsionados pela contracultura jovem em voga em países como os Estados Unidos e França, criticaram o poder disseminado no tecido social: da família à sexualidade, de prisões a festivais, e não só no Estado e na economia da ditadura — coincidindo aí com teses dos filósofos Herbert Marcuse e Michel Foucault.

No plano médio, este disco aparece como a tentativa de avançar na "linha evolutiva" da música popular brasileira explicitada nos anos 1950 pela Bossa Nova, mas que estaria estancada nos anos 1960. Os tropicalistas filiavam-se, assim, ao ideal de uma "poesia universal progressiva" desencadeado no início da estética moderna pelo Romantismo alemão, buscando uma arte nova apoiada na relação com o passado, e não no seu mero descarte. Os bossa-novistas eram o patamar de que partiam os tropicalistas. Só que era preciso abandonar a posição de resguardo (em que a Bossa Nova ficara após dez anos) e adotar agora uma posição de vanguarda. Isso se fez pela formação coletiva do movimento, em três sentidos: o caráter grupal de suas produções, de que *Tropicália ou Panis et circencis* é o maior exemplo; a autoconsciência histórica que informava o modo de pensar e fazer canção; a atuação na cultura brasileira como um todo, e não só na música, em diálogo por exemplo com a poesia, o cinema, o teatro e as artes plásticas. Se a concisão estética bossa-novista era suplantada pela extroversão tropicalista, essa mudança valia também para a relação, agora mais atritada, com a sociedade. Não era o equilíbrio sereno da bossa, e sim a agudeza do pop tropical.

No plano geral, enxergamos de que forma *Tropicália ou Panis et circencis* situa-se ao fim de um processo cultural começado no Modernismo brasileiro, nos anos 1920. Suas questões ainda pulsam no Tropicalismo: a atualização da arte nacional para uma linguagem contemporânea e a constituição da singularidade do Brasil pelo contato com dados estrangeiros. O emblema foi a incorporação de guitarras elétricas, em voga no rock internacional, à música popular brasileira: a operação herdava a ideia de antropofagia que, lançada em 1928 com o modernista Oswald de Andrade, permanecia dormente na cultura nacional até os anos 1950, quando o Concretismo paulista a ressuscitou. Tratava-se de devorar o que vinha de fora para nos fortalecer, sem copiá-lo ou negá-lo. Na década de 1960, o Tropicalismo elaborou as obras mais antropofágicas da história da arte brasileira, perante um contexto novo: a indústria cultural moderna. Os tropicalistas queriam se apropriar do mercado e da mídia, para socializar sua produção sem elitismo e aproveitar o potencial político da "obra de arte na era de sua reprodutibilidade técnica", segundo a formulação consagrada de Benjamin. Sem preconceitos, competiram nos festivais de televisão, foram a programas de auditório como o do Chacrinha e exploraram o formato ainda em desenvolvimento histórico do disco de vinil.

Não se deve menosprezar quanto o disco de longa duração, chamado de vinil, foi decisivo para todo o destino da música popular desde a década de 1950. Os amantes de jazz o sabem, já que álbuns como *Kind of Blue*, de Miles Davis, ou *A Love Supreme*, de John Coltrane, só se tornaram possíveis por conta desse novo formato. É que esta duração estendida, em comparação a suportes antigos, permitia organizar o conjunto sequencial das faixas em uma só unidade. Não se faziam músicas, e sim discos. No Brasil, um LP essencial para os tropicalistas foi *Chega de saudade*, de João Gilberto, que preconizou o formato. Foi o que Lorenzo Mammì denominou de "a era do disco", apontando que ele foi um "agente de mudanças revolucionárias" por conta de sua "associação com a nascente sociedade de consumo".[17] No Brasil, o Tropicalismo iria explorar todas as possibilidades abertas pelo disco, mais do que seus predecessores bossa-novistas, ainda tímidos diante da sociedade de consumo: a partir de então, nada ficaria de fora, desde os encartes dos vinis até o visual dos cantores. Objeto de mercado, o disco atraía os jovens que viam nele uma identidade não só de gosto, mas existencial. Um estilo de vida. *Sgt. Pepper's Lonely Hearts Club Band*, dos Beatles, foi pioneiro sob este aspecto em 1967. *Tropicália ou Panis et circencis* o seguiria em 1968.

Impressionado com a presença de sons por todos os lugares do mundo e da vida na segunda metade do século XX, o ensaísta George Steiner considerou a existência de uma "musicalização da cultura", especialmente na juventude que se fazia acompanhar dos diversos gêneros do pop. Via aí um "esperanto musical", já que não existiriam barreiras nacionais para este idioma, que atravessaria todo o globo. No entanto, esse crescimento de uma alfabetização sonora viria de par com a diminuição da alfabetização linguística clássica. "Em toda parte, uma cultura do som parece estar forçando a velha autoridade da ordem verbal a recuar",[18] dizia Steiner. Caso conhecesse a canção popular brasileira, talvez pensasse diferente. O que aqui aconteceu, e teve no Tropicalismo um dos grandes momentos, foi uma musicalização da cultura que fez a ordem verbal avançar, ao invés de recuar, por meio de letras de canções cujo caráter poético em nada ficava devendo à nossa melhor tradição literária. O deslocamento de poeta para letrista feito por Vinicius de Moraes na Bossa Nova é só aparente. Ele jamais deixou de ser poeta. O Prêmio Nobel concedido a Bob Dylan em 2016 apenas atestou para o mundo o que todo brasileiro sempre soube: letra de música é poesia — cantada. É verbo. Caetano, Gil e os tropicalistas são arautos dessa linhagem da canção popular nacional.

Portanto, o significado do disco *Tropicália ou Panis et circencis* vai além do que análises técnicas musicais podem mostrar. Sua centralidade na era do disco o tornou objeto da filosofia da cultura, e a fortuna crítica cedo se deu conta disso (recentemente, análises técnicas também frutificaram). No caso, adicione-se que o Tropicalismo deu à música popular no Brasil uma consciência crítica acerca da sociedade que, se não for única, é rara no mundo. "Esse novo estatuto alcançado pela canção", notou Santuza Cambraia Naves, "contribuiu para que o compositor assumisse a identidade de intelectual no sentido amplo do termo".[19] O artista, na medida em que deseja pertencer ao seu tempo, participa dos debates da época, e não só com depoimentos, mas com sua música. Há um pensamento em canção no movimento tropicalista. Escutando *Tropicália ou Panis et circencis*, estão ali os Beatles, João Gilberto e Roberto Carlos, mais os filmes de Jean-Luc Godard e Glauber Rocha; a poesia dos irmãos Campos, mais as obras de Andy Warhol ou Hélio Oiticica. Isso já seria muito. Mas não é tudo: as canções referem-se também aos manifestos modernistas de Oswald de Andrade, por exemplo. Só que o fazem pela música. O Tropicalismo, nesse sentido, foi pensamento e consumo, política e moda, crítica e prazer, erudição e pop, arte e espetáculo, brasileiro e cosmopolita.

Parece muito. E era. Só foi possível porque a elaboração e a realização do disco ficaram a cargo de um grupo de músicos extraordinários. Pouco depois, em 1970, a seleção brasileira de futebol ganharia a Copa do Mundo pelo mesmo motivo: seguindo o princípio do técnico João Saldanha, que preparara o time, os melhores jogadores tinham de estar em campo, independentemente da posição tática. Por isso, vimos Pelé, Tostão, Jairzinho, Gerson e Rivellino trocando passes entre si, nenhum deles na reserva. Eram as "feras do Saldanha", embora na copa propriamente dita o técnico fosse Zagallo, que tinha assumido o escrete. Ora, ao ver quem estava no disco *Tropicália ou Panis et circencis*, a sensação é idêntica. Se algum time de músicos poderia almejar tanto na área da vanguarda cultural, era este. Só fera: Caetano Veloso, Gilberto

Gil, Tom Zé, Gal Costa, Nara Leão, Torquato Neto, José Carlos Capinan, os Mutantes e Rogério Duprat. Conjugava-se a música erudita e a popular, seguindo tanto o princípio estético modernista quanto o dos Beatles. O resultado, como o da seleção brasileira, não foi somente o sucesso ou a vitória, e sim a criação de um outro ideal de vida a partir da arte.

Embora a ditadura militar tentasse se apropriar simbolicamente em 1970 da seleção brasileira de futebol, através da associação pelo nacionalismo verde-amarelo, aquele jeito de jogar jamais poderia ser completamente cooptado pelo autoritarismo. No contexto da época, a vitória contribuía para um clima favorável ao governo por um ufanismo ingênuo e disperso — o que fez opositores políticos torcerem pela derrota do futebol brasileiro. Vista pelos olhos de hoje, contudo, a campanha da seleção de 1970 também ganha outro significado: parece o avesso do que se passava na política, quase uma prova irrefletida de alegria da cultura em meio à dor e de criatividade em meio à rigidez. No caso da música — a outra face da cultura popular, ao lado do futebol, que talvez melhor nos expresse — também encontramos essa prova, só que agora refletida. Programaticamente, a música foi para o Tropicalismo a instância a partir da qual suas ações irradiariam não só na estética, mas em toda a cultura brasileira. Embora abalada, a convicção modernista de que a arte desempenharia um papel decisivo na construção de uma sociedade mais crítica e inventiva continuava a respirar. *Tropicália ou Panis et circencis* testemunha, de forma dilacerada, as sombras da sua época e a busca por um sol que estaria em nós, mas que insiste em não se abrir de vez.

CLOSE

Tropicalistas em tempos sombrios: arte e política

1. O disco na sua época

Em 1968, o disco *Tropicália ou Panis et circencis* reuniu, pela primeira vez, todos os componentes do movimento musical do Tropicalismo em uma só obra. Isso conferiu a ele a conotação de um manifesto do movimento, que já vinha sendo anunciado ao público brasileiro desde 1967 com os discos individuais e as exibições de Caetano Veloso e Gilberto Gil nos festivais da canção na televisão. Estava ali o nascimento do Tropicalismo, mas sem documento definitivo de coesão, o que viria com o disco coletivo. Quando ele foi lançado, em julho, os tropicalistas estavam refletindo sobre o movimento, e não o criando. Era prevista para o mês anterior a gravação de um programa de televisão com os seus integrantes que decretaria satiricamente o fim do movimento. O programa *Vida, paixão e banana do Tropicalismo* não foi ao ar por desentendimentos com o patrocinador, mas seu roteiro é conhecido. Redigido por José Carlos Capinan e Torquato Neto, participantes do disco, ele informava que o Tropicalismo seria "o nome dado pelo colunismo oficial a uma série de manifestações culturais espontâneas surgidas em 67", por sua vez "destinadas à deturpação e à morte".[20] Mal nascera a primeira obra conjunta do Tropicalismo e ele mesmo teatralizava sua morte, uma jogada típica da vida das vanguardas modernas.

Nesse contexto, *Tropicália ou Panis et circencis* põe em evidência a autorreflexão do movimento tropicalista. Ela não o matou, mas direcionou-o para uma estética mais provocativa face à sociedade da época e mais politizada face à ditadura que engrossava a repressão no Brasil. Isso significa que, de 1967 a 1968, a dimensão crítica do Tropicalismo ganhava complexidade ao combinar poesia e política, criação e participação, liberdade e compromisso. O movimento punha-se em movimento. De 1967, a canção "Tropicália" falava, na letra, da inauguração de um inusitado "monumento no planalto central do país", que seria "de papel crepom e prata". Já em 1968, o roteiro do programa de televisão *Vida, paixão e banana do Tropicalismo* previa construir efetivamente esse monumento e encenar sua inauguração, mas só para em seguida realizar sua demolição, sob o som de um coro irônico ao fundo, alternando gritos de "viva o Tropicalismo" com os de "abaixo o Tropicalismo". Em suma, até a própria canção "Tropicália", de onde emanou a força do epíteto Tropicalismo, foi submetida à dinâmica de construção e destruição que os protagonistas do movimento praticaram em 1968.

Não foi com o disco *Tropicália ou Panis et circencis* que emergiu, portanto, a palavra *tropicália* nas atividades culturais de vanguarda no Brasil da década de 1960. Primeiramente, ela já dera nome a uma instalação de artes plásticas de Hélio Oiticica e daí tornara-se título de canção no álbum individual de estreia de Caetano. Não foi por acaso: a poética de Hélio fundava os princípios estéticos adotados por Caetano na canção. Exposta em abril de 1967, no MAM, Museu de Arte Moderna do Rio de Janeiro, *Tropicália* era constituída por dois penetráveis, como Hélio os chamava, nos quais o visitante da exposição entrava. "O ambiente criado era obviamente tropical",[21] garantia o artista. Era um caminho labiríntico com paredes de madeira; areia no chão a ser pisada com pés descalços; plantas e araras; poemas; no final, um aparelho de televisão permanecia ligado. Os signos tropicais combinavam-se com a modernização industrial e cultural em vigor no Brasil. Nada disso era estranho à canção de Caetano, que conjugava palhoça tradicional e bossa moderna. "Viva a bossa--sa-sa, viva a palhoça-ça-ça-ça-ça." O bairro do Rio de Janeiro moderno, Ipanema, rimava com a índia romântica, Iracema. Os aviões passavam sobre chapadões. Mesmo que sejam imagens emblemáticas do Brasil, elas são dispostas por uma acumulação paradoxal, o que frustrava a expectativa de identidade unitária para o país. São as suas tensões que se destacam.

Na música de Caetano, esse movimento é tão marcante que a letra gira em torno de um centro jamais mencionado: Brasília. Todas as dicas estão lá para que se deduza que é a capital da nação. O nome mesmo, porém, nunca é citado, como se o símbolo fundamental do Brasil se ausentasse, como se — justamente ali onde se esperaria encontrar o centro — só achássemos as margens. Ou seja, como se a capital do país se revelasse não tanto pelo que é, mas pelo seu avesso. "Emite acordes dissonantes", não concordantes. "Tropicália" seria, portanto, menos um símbolo do Brasil do que a fragmentação de todo símbolo que pretendia representá-lo por completo. Interessam os contrastes constitutivos, e não a sua solução final. "Urubus passeiam entre girassóis." O procedimento de Caetano é o mesmo que o crítico Sérgio Martins identificou ao falar da *Tropicália* de Hélio: a acumulação. "É como se o espectador não tivesse tempo de entender o sentido de cada elemento, como se um novo se colocasse frente ao outro antes que isso pudesse ser feito."[22] Troque-se esse "espectador" por um "ouvinte", e teremos a descrição precisa do efeito da audição da música "Tropicália", de Caetano.

O método de composição poético, seja de Hélio, seja de Caetano, abandona assim a exigência de totalização. Nem a própria obra nem a imagem de país que dela emerge possuem a antiga completude clássica. *Tropicália*, portanto, não é o paraíso tropical, mito enraizado na história do Brasil, mas a mobilização irônica e amorosa desse mito para pensar uma cultura contraditória e problemática. Não há uma essência fixada do país, e sim uma questão. Diante da *Tropicália* de Hélio, "não se sabe se está em construção, precariamente construída ou já destruída, se foi habitada e já abandonada, incompleta ou realizada", escreveu o crítico Paulo Venâncio Filho, concluindo que se trata de uma "expressão da disfuncionalidade orgânica brasileira".[23] Essa indecisão sobre se a obra está pronta deve-se ao fato de que ela, como o Brasil, está mesmo constantemente em construção.

Nas canções do Tropicalismo, a disfunção brasileira é alegorizada. Nelas, aparece um país cujo presente — voltado ora para a nostalgia do paraíso perdido, ora para a esperança no futuro prometido — embaralha as cartas do tempo numa única mão: antes e depois, ontem e amanhã, tradição e projeto. Sem um símbolo definitivo da brasilidade, sobram suas alegorias transitórias. Desde muito cedo, a oposição entre os conceitos estéticos do símbolo e da alegoria serviu para pensar o Tropicalismo. Fosse ao atacá-lo, como Roberto Schwarz,[24] ou ao elogiá-lo, como Celso Favaretto,[25] o consenso era de que a forma de composição ambígua, paradoxal e fragmentada do Tropicalismo, sem representações fechadas e referentes fixos, filiava-se a uma arte alegórica, carente da certeza simbólica transparente dos clássicos.

Intuitivamente, a afinidade alegórica entre a obra *Tropicália*, de Hélio, e a canção de Caetano foi atinada, antes de todos, pelo fotógrafo de cinema — e mais tarde produtor — Luiz Carlos Barreto, responsável na época pelas imagens de *Terra em transe*, de Glauber Rocha, filme que seria decisivo para a geração tropicalista. Impressionado ao ouvir Caetano cantar sua música, ainda sem título, por ocasião de um almoço para amigos, sugeriu que a chamasse de "Tropicália", tendo em vista a obra de Hélio. Essa gênese da canção é sintomática da grande proximidade das diferentes formas de arte no Brasil em fins dos anos 1960: a instalação vista pelo diretor de fotografia de filmes intitula uma canção popular. Caetano, portanto, a rigor desconhecia a obra de Hélio até então, e nem tinha gostado imediatamente do termo, mas admitiria tempos depois — dando os créditos a Luiz Carlos Barreto pela sugestão — que foi o próprio título que se impôs.

Daí é que surgiria um movimento tanto estético quanto cultural chamado de Tropicalismo, segundo a corruptela tecida, a partir do original Tropicália, pelo colunista Nelson Motta no jornal *Última Hora*, em texto de 5 de fevereiro de 1968. Foi só depois desse processo e de muita polêmica em torno do termo que *Tropicália* finalmente apareceu — escrita com as cores verde, amarela e azul, as da bandeira brasileira; e diagramada na vertical, de baixo para cima — na lateral esquerda da capa do disco que a atrelou à expressão *Panis et circencis* (que ficava na lateral direita da capa, enquanto, no meio, os músicos posavam numa cena em tudo significativa). Embora as canções tivessem frescor, o epíteto sob o qual eram reunidas, então, não fazia sua estreia. É verdade que ele era empregado há pouco tempo, já que a instalação de Hélio com este nome só aparecera em abril de 1967, na histórica mostra Nova Objetividade Brasileira. No entanto, desde que Caetano o colocou em sua canção e Nelson Motta o lançou na imprensa, aquilo que era visto só em artes plásticas passou a ser ouvido na música popular e lido no jornal. Essa circulação midiática gerou debates, o que dava a sensação, quando *Tropicália ou Panis et circencis* surgiu, de que a sua primeira palavra já tinha atrás de si, se não uma longa história cronológica, uma densa história semântica.

Por causa do adensamento cultural a que chega o significante *tropicália* em 1968, seu emprego no disco desse ano foi a apuração de uma ideia em curso, não seu lançamento. Em 1967, as apresentações das canções "Domingo no parque" e "Alegria, alegria" — no III Festival da Música Popular da TV Record, em São Paulo — foram o início musical do que viria a se chamar Tropicalismo. Respectivamente, Gil e Caetano defenderam as canções. Os Mutantes acompanharam um e a banda argentina Beat Boys, o outro. Rogério Duprat fizera arranjos para Gil. Faltavam, entretanto, mais integrantes e a consciência forte de um movimento. "O trabalho que fizemos, eu e Caetano", reconheceria Gil, "surgiu mais de uma preocupação entusiasmada pela discussão do novo do que propriamente como um movimento organizado".[26]

Surpreendentemente, as aparições inaugurais de Gil e Caetano foram tão desafiadoras quanto bem sucedidas. Inicialmente sob suspeita, eles agradaram ao público nas arenas dos festivais. Venceram as vaias. Tiveram enorme êxito na televisão. Embora os adeptos da vertente nacional-popular da música os atacassem, por estarem supostamente traindo a essência brasileira em função do uso das guitarras elétricas identificadas com o rock americano, o sucesso foi amplo e a fama, imediata. Os baianos conquistavam a juventude urbana de classe média do Brasil. Caetano cheio de "alegria, alegria", com o sorriso largo e os cabelos cacheados, acertou até na indumentária ao defender a canção no festival: saía do roteiro esperado do smoking, trajando terno xadrez e camisa de gola rulê. Informal o suficiente para ser original, elegante o bastante para não ofender. Podia, assim, obter o acolhimento do público, mesmo tomando caminho inverso da poética tradicional que evocava valores do passado, como ocorria em "A banda", de Chico Buarque, por exemplo. Procurava uma poética moderna que elencasse as informações do presente. Quem logo identificou a novidade foi o gênio crítico de Augusto de Campos, o primeiro a se dar conta do estatuto estético e histórico do Tropicalismo: "Alegria, alegria" falava de crimes, espaçonaves, guerrilhas, caras de presidente, beijos, dentes, pernas, bandeiras, bomba, Brigitte Bardot.[27] O mundo urbano cosmopolita e pop brotava na música popular brasileira.

No entanto, pouco a pouco, as tensões entre a busca do novo na música e o conservadorismo do público se tornariam drásticas no país, acompanhando um crescente atrito entre criação estética experimental e comprometimento político. Se compararmos as apresentações de 1967 com as de 1968, como fez Guilherme Wisnik,[28] a diferença é grande. Gil e Caetano foram não só vaiados no III Festival Internacional da Canção da Globo, por exemplo, mas acertados por ovos, tomates e até pedaços de madeira. Os tropicalistas também tinham alterado sua postura. Radicalizado. Caetano encarnava em seu visual a atitude. Nada de terno. Roupas de plástico brilhante e colares exóticos o vestiam. Os "caracóis dos seus cabelos" tinham cedido lugar a uma vasta e selvagem juba leonina. O corpo, que em 1967 ficara discreto e tranquilo diante do microfone, agora entrava em cena dançando eroticamente uma simulação de movimentos sexuais, enquanto um hippie norte-americano contratado urrava sons estranhos. O público todo virou de costas para Caetano. Os Mutantes, que o acompanhavam, deram também as costas para a plateia, mas continuaram a tocar. E aí viria o discurso histórico de Caetano, entoando "é proibido proibir" e confrontando o público. Era setembro de 1968.

O desenvolvimento estético do Tropicalismo de 1967 a 1968 foi também um acirramento dos debates internos de seus integrantes e de suas relações com a cultura. Lá, era uma ideia lançada. Cá, tornava-se uma ideia discutida. É que seus membros, de início, não se sentiam muito à vontade com a alcunha. Mais a aceitaram do que a inventaram. Distintamente de Tropicália, que mal ou bem era um nome vindo da instalação de Hélio e acolhido por Caetano para a sua canção, o epíteto de Tropicalismo viera do jornalista Nelson Motta à revelia. Com o fito de "fundar um movimento brasileiro, mas com possibilidades de se transformar em escala mundial", Nelson Motta exprimia seu princípio: "assumir completamente tudo o que a vida nos trópicos pode dar, sem preconceitos de ordem estética, sem cogitar de cafonice ou mau gosto".[29] Menos errada que redutora, a definição jornalística dava o pontapé inicial para um sem fim de debates em torno do termo Tropicalismo. O próprio Caetano conta, no seu livro *Verdade tropical*, que hesitou em aceitar a alcunha. Se ficara ressabiado com Tropicália, pior era Tropicalismo, que evocaria antigas teses de Gilberto Freyre e o sentimento nacionalista avesso ao cosmopolitismo que ele buscava.[30] Na hora, contudo, Caetano acabou topando o termo. "Topar esse nome e andar um pouco com ele", já que, sem muito entusiasmo, confessava: "acho bacana tomar isso que a gente está querendo fazer como Tropicalismo".[31] Por fim, acolhia serenamente, em depoimento a Augusto de Campos, que o Tropicalismo seria "uma moda".

Nem todos os artistas envolvidos concordariam facilmente, entretanto. O risco de diluição das propostas poéticas mais arrojadas e originadas antes, desde que a *Tropicália* apareceu com

Hélio, foi percebido pelo próprio artista cerca de um mês depois de circular aquele texto de Nelson Motta, que não daria conta de toda a ousadia e da consistência estéticas do que ocorria na cultura do Brasil da época. "Burgueses, subintelectuais, cretinos de toda espécie a pregar Tropicalismo", dizia Hélio, para arrematar criticamente que a "Tropicália (virou moda)".[32] Polemizando com a imprensa, que pouco atentava para seu trabalho, o artista recusava aquele sentido de moda que Caetano acolhera. Embora em breve fosse haver grande afinidade entre ambos, essa discordância é reveladora de um viés mais marginal e outro mais pop que se conjugariam na Tropicália. O debate envolveu não só a música, como se vê, tendo em vista a resistência à "voracidade burguesa" e o que Hélio chamara de "elemento vivencial direto".[33] Esse processo de autocrítica é que levou até a reflexividade de *Tropicália ou Panis et circencis*, isto é, a capacidade da obra de arte de pensar a si mesma.

Essa dobra que os tropicalistas fazem sobre si mesmos está explicitada na música que abre o disco. "Já não somos como na chegada, calados e magros, esperando o jantar", cantava Gil em "Miserere nóbis", composição dele e Capinan. Pode-se escutar no verso a confissão biográfica do grupo baiano que aterrissara no Sudeste do país há algum tempo. Caetano já tinha até mudado do Rio para São Paulo àquela altura, onde Gil morava. Mais além, entretanto, esse verso tem valor no projeto estético tropicalista. Se a primeira pessoa gramatical conjugada no plural reforçava o sentimento de unidade do grupo, maior que em qualquer momento anterior, pois era um trabalho inédito produzido em conjunto pelos seus integrantes, ela também anunciava outra etapa de seus pensamentos. Essa etapa permanecia tropicalista, só que agora mais ativa. Não dava para ficar "esperando o jantar", ou condescender com a passividade das "pessoas da sala de jantar", que na canção "Panis et circenses" estão só "ocupadas em nascer e morrer". Com a experiência cultural recém-adquirida, os tropicalistas deixavam para trás qualquer ingenuidade e davam à sua música uma reflexividade típica de grande parte da estética moderna. O movimento, com isso, acrescentava uma camada de consciência histórica sobre si mesmo. Eis o que se passa de 1967 a 1968.

Desse modo, "Miserere nóbis" dá o tom para a politização histórica que surge no disco. "Tomara que um dia um dia seja, para todos sempre a mesma cerveja, tomara que um dia de um dia não, para todos e sempre metade do pão." O sonho de uma sociedade igualitária deixa se depreender pela vontade de que para todos e sempre — sem distinção de quem ou quando — haveria pão e cerveja, alimento e diversão. *Panis et circenses* talvez. Só que a necessidade de rezar ("ora pro nóbis") ou torcer ("tomara") deflagrava, ao mesmo tempo, a distância entre o sonho e a realidade do Brasil de 1968. Note-se que o ajuste da formalidade do latim (em que a oração pede piedade por nós, que se reze por nós) com a informalidade de uma torcida (linguisticamente exposta no "tomara") exemplifica, em "Miserere nóbis", o procedimento tipicamente tropicalista de misturar cultura erudita e popular. Igual esquema sustenta o resto da forma da canção. Seu clima inicial é solene e tradicional, com um órgão quase letárgico, interrompido somente por um sininho de buzina de bicicleta que pede passagem para o que virá depois. O violão marcante e premente de Gil rasga então a canção e imprime uma velocidade acelerada, um ritmo que acolherá logo a entrada de seu canto, para depois ser novamente amainado.

Com "Miserere nóbis", o Tropicalismo continuava fiel a sua poética original, na qual opostos, ao invés de se excluírem, eram reunidos. O sagrado e o profano, o oficial e o trivial. Tudo estava ali. Nessa canção, porém, tal poética atingiria um ponto nevrálgico. Nela, o Tropicalismo parece devorar até um gênero ao qual se definira por oposição: a canção de protesto explicitamente politizada. Conforme apontou Hermano Vianna, desdobra-se a lógica da canção de protesto, embora através dos signos tropicalistas de narratividade de Gil, interessando mais "o *cut-up*, e o *mash-up*, do que a história contada com começo, meio, fim e mensagem do futuro radioso".[34] Era a antropofagia do Tropicalismo, portanto, devorando o seu outro, a canção de protesto. Ela é absorvida, mas são eliminados o seu didatismo e o seu projeto definido de futuro. Se fica a preocupação social mais direta com o povo, ninguém fala em nome dele ou o convoca para nada. Não há uma tentativa de conscientização das massas, por exemplo. É um novo regime estético em que a crítica social se estabelece, no qual a forma é tão importante quanto o conteúdo, sem maniqueísmos ou condescendência com a sensibilidade do ouvinte. "Tomara que um dia de um dia não, na mesa da gente tem banana e feijão." Em "Miserere nóbis", o apetite antropofágico tropicalista comeu a tribo inimiga e a digeriu, tornando-a distinta daquilo que originalmente era. O novo produto até guarda algumas semelhanças com a canção de protesto, mas já é outro.

Talvez a proximidade desta música com a canção de protesto origine-se na formação de José Carlos Capinan. Dentre os tropicalistas, provavelmente foi o que teve a educação mais marcada pela participação no Partido Comunista e no CPC, o Centro Popular de Cultura da UNE, a União Nacional dos Estudantes (que na Bahia envolvia em graus diversos vários futuros tropicalistas). Carregava uma preocupação social. Não via sentido em obras descoladas disso, mas tampouco na arte que se submetesse ao compromisso com a mera transmissão de mensagens e de conteúdos. "Nunca pensei que houvesse uma prevalência do político sobre o estético", admitia, concluindo que na época a "arte engajada não significava arte sem preocupações formais".[35] Desse espírito germinou "Miserere nóbis", e por isso articulou na sua composição o político e o estético, o engajamento e a forma, com rara felicidade. Essa articulação deixa entrever que o Tropicalismo, àquela altura, tornava-se ainda mais atento à realidade social brasileira concreta, o que era de esperar, pois a ditadura militar ganhava fôlego precisamente naquele momento: 1968. Repressão e censura, tortura e vigilância — tudo piorava no país.

Se em 1967 "Alegria, alegria" falava de bombas, "Miserere nóbis" termina com o ruído de balas de canhão sendo disparadas. Não há como passar por cima desse enlaçamento de forma e história. "Derramemos vinho no linho da mesa, molhada de vinho e manchada de sangue", dizem os versos da canção. No fim, a letra ainda embaralha sílabas — empregando um método originado da alfabetização infantil, a fim de driblar a censura do governo — cujo sentido apreensível era juntar Brasil e fuzil. Capinan chegou até a ser convidado, após a composição, para se alistar na luta armada contra a ditadura, mas declinou pois, a despeito da admiração pelos que a faziam, jamais conseguiria dar um tiro.[36] O simples fato de que essa confusão foi possível, entretanto, atesta que o movimento tropicalista entrava em uma fase nova agora. *Tropicália ou Panis et circencis* é o principal resultado em disco dessa fase, mais violenta em forma e conteúdo. Ela se deveu a um desenvolvimento interno da poética dos tropicalistas, que se desembaraçava do superficialismo no qual havia sido deixada pela recepção midiática, e ao endurecimento externo do governo militar, que receberia resposta à altura do movimento cultural.

Não foi um surto repentino, então, que desfez os laços — desde sempre um pouco frágeis — entre a novidade tropicalista e a sua aceitação social. Mesmo que o ato institucional de número 5 — AI-5 — decretado pelo general Costa e Silva em 13 de dezembro de 1968 funcione como o divisor de águas cronológico entre um momento da ditadura no qual a cultura ainda vicejava e outro no qual a censura à arte e a repressão aos estudantes se radicalizariam, tal modificação esteve longe de ser súbita. Durante 1968, o governo e a oposição foram se extremando. Desde a morte do estudante Edson Luís em março, pela polícia, até as manifestações em protesto, cujo ápice foi a Passeata dos Cem Mil em junho e na qual estavam muitos tropicalistas, a violência aumentava. E ainda havia o que a ditadura fazia, mas não se sabia. Os militares queriam totalizar seu controle. De outro lado, a contestação do regime alcançava a forma da guerrilha urbana. Em "Soy loco por ti America", de 1967, Caetano já fazia referência a "el nombre del hombre muerto", referindo-se a Che Guevara. Foi em meio a esse processo que veio à tona *Tropicália ou Panis et circencis*, gravado desde maio e lançado em julho de 1968. Inspirada num quadro de Rubens Gerchman, *Lindoneia — a Gioconda do subúrbio*, de 1966, a canção homônima "Lindoneia", por exemplo, deixava clara a violência da ditadura. Lindoneia está "desaparecida", assim como várias pessoas assassinadas pelos militares sem que reconhecessem ou entregassem os corpos. "Policiais vigiando", cantava Nara Leão. Eis a situação do Brasil na época.

Na periodização empregada por Elio Gaspari, o disco situa-se no fim da "ditadura envergonhada"[37] e às vésperas da "ditadura escancarada",[38] pois aquela começara em 1964 e esta só em 1969. Ora, enquanto permanecia envergonhada, a ditadura conviveu, curiosamente, com a circulação cultural razoavelmente livre. Era como se o sistema político tivesse demorado a entender como parar a vitalidade artística que ainda se propagava, mas cuja real proveniência eram os anos anteriores: Bossa Nova, Concretismo, Cinema Novo, o Teatro Oficina, Teatro de Arena, o CPC, o método de alfabetização de Paulo Freire, e assim por diante. Isso mudaria definitivamente com o AI-5. *Tropicália ou Panis et circencis* dificilmente seria divulgado depois disso, mas tampouco seria o que é muito antes disso. Se depois seria proibido, antes teria sido mais comedido. Frederico Coelho levanta a hipótese de que essa inflexão do Tropicalismo musical deveu-se a uma aproximação de sua tendência pop aos universos estéticos que se desenvolviam desde 1964 por gente como Hélio Oiticica nas artes plásticas e Glauber Rocha no cinema, ou Rogério Duarte na intelectualidade — todos com a veia da marginália. "Os eventos ocorridos em 1968 conduziram os músicos tropicalistas a trabalhos de outras áreas", segundo conclui Coelho, "que indicavam, desde anos anteriores, a inevitabilidade da ruptura entre a obra do artista, sua liberdade de criação e a satisfação de seus pares e do mercado consumidor".[39] *Tropicália ou Panis et circencis* passou a nomear plenamente a violência a seu redor.

Não por acaso, há sangue durante todo o disco. Em "Miserere nóbis", a mesa que aparece é "molhada de vinho e manchada de sangue". Em "Lindoneia", há o "sol batendo nas frutas, sangrando". Já em "Parque industrial", há "o jornal popular que nunca se espreme porque pode derramar, é um banco de sangue encadernado". O noticiário diário daria conta de um cotidiano de crimes e de opressão sem fim. O Tropicalismo, além de apontar esta violência atrelada à ditadura, ainda referia-se ao matricídio rural, em "Coração materno", e ao assassinato passional, em "Panis et circenses". Existe brutalidade na "Geleia geral". Há a memória de batalhas no "Hino ao Senhor do

Bonfim". Se o disco, apesar disso, enunciava que "a alegria é a prova dos nove", citando um verso do *Manifesto antropófago* de Oswald de Andrade, de 1928, é justamente porque a alegria não é um dado certo, e sim uma prova pela qual temos de passar, a despeito do horror e da tentação de cair no verso que se segue e diz: "a tristeza é teu porto seguro". Daí que o disco preserve uma energia de alegria pulsional que tenta transfigurar a dor, para além da tristeza.

Em uma das mais sombrias canções de todo o rico repertório de Caetano, "Enquanto seu lobo não vem", o terror autoritário se revela na letra depois do título enganoso, que supostamente remete à fábula infantil "Chapeuzinho Vermelho". "Vamos passear na floresta escondida, meu amor", dizem os primeiros versos. Só que a floresta, na verdade, é uma avenida urbana e o lobo, a polícia da ditadura. É que andar naquele momento, no país, só se fosse às escondidas. Introduzida a menção à avenida Presidente Vargas, depois a canção repete "Presidente Vargas" inúmeras vezes. Deve ser lembrado que Getúlio Vargas foi um ditador populista, na presidência do Brasil de 1930 até 1945, a despeito das importantes conquistas que alcançou para a legislação trabalhista e para a modernização do Estado brasileiro. Não foram só os militares que dominaram o país por meio de uma ditadura. Dessa vez, contudo, havia a ajuda externa dada ao golpe pelo governo norte-americano, que é aludido provocativamente quando Caetano se refere ao Brasil como "Estados Unidos do Brasil". O autoritarismo brasileiro era apoiado pelo governo de fora. O ímpeto de ocupar o espaço público com um passeio romântico descontraído — simula-se até um assovio — logo, logo se vê interditado, já que as ruas estão todas vigiadas. Não haverá mais nada largo ou alto nesta cidade, tudo é estreito e baixo.

Seja como for, o passeio enquanto seu lobo não vem mistura-se, durante a música, a um desfile. Pela letra, pensamos em carnaval, já que a Estação Primeira de Mangueira — escola de samba com a qual Hélio Oiticica foi engajado biográfica e artisticamente — é citada. Na época, as escolas desfilavam na Presidente Vargas. O arranjo, contudo, acentua uma ambivalência, com sons de marchas e hinos. Gal Costa, ao fundo, repete um verso que cita "clarins da banda militar". Podia ser um desfile militar. O verso vinha de "Dora", canção de Dorival Caymmi. Lá, anunciava a entrada da personagem feminina que passa, passeia. "Enquanto seu lobo não vem" apropria-se da frase, mas inverte o seu significado. Os clarins militares ameaçam agora o passeio livre do amor, uma vez que denunciam a presença da repressão. Não havia espaço para a liberdade política ou amorosa, afinal o passeio, tal como a narrativa da canção o apresenta, tinha dimensão romântica. O vocativo ao qual se dirige o eu lírico é "meu amor". Os agogôs da percussão até dão uma primeira impressão de tranquilidade para que o passeio ocorra. Mas não. O clima se altera e acompanhamos a interdição violenta do passeio. O engajamento político crítico é inequívoco: da menção à cordilheira, que evoca a guerra revolucionária cubana em Sierra Maestra, aos ecos do hino da Internacional Comunista.

O passeio, enfim, precisa ser tão escondido que acontece debaixo das ruas, onde a própria Mangueira teria desfilado. Inicia-se uma sucessão de imagens que conferem à canção um movimento descensional decidido, irrevogável, quase que trágico. O convite era para passear nas veredas, no alto. Depois os versos iniciam com a palavra "debaixo", apontando onde o passeio se daria. É debaixo das ruas, bombas, bandeiras, botas, rosas, jardins. No fim, é debaixo da lama e, encerrando com uma alusão ao amor prometido na partida, debaixo da cama. Os espaços vão ficando reduzidos e estreitos, contrariando as "ruas largas". Há bombas militares, botas e policiais. Não há saída proposta em "Enquanto seu lobo não vem". Fica só o acanhamento escuro e a frágil proteção individual da cama, embaixo da qual nos escondemos. O tempo que alegadamente ainda restaria, "enquanto" seu lobo não vem, passou. Tarde demais. O lobo veio, está em todo lugar: o passeio livre vira a fuga amedrontada. Não há prazer ou amor nem vagar ou flanar. Nenhum espaço se abre para passear: acabamos parados, não em movimento; deitados, e não de pé; vendo nada, em vez de contemplando a vida. Debaixo da cama.

2. Da revolução à rebeldia

Diz o ditado que "do chão não passa". O pessimismo tropicalista, contudo, talvez passe e vá ainda mais baixo do que debaixo da cama. Retrospectivamente, Caetano descreveu o movimento como se fosse uma "descida aos infernos".[40] Não espanta, então, uma canção sombria como "Enquanto seu lobo não vem". Tampouco espanta que mesmo em "Tropicália" já se falasse que "uma criança sorridente, feia e morta estende a mão". Embora as canções de protesto nomeassem explicitamente toda a situação ditatorial do Brasil, destilavam confiança sobre a reação do povo e seu futuro, elemento ausente no Tropicalismo, que se distancia do voluntarismo. Não acha que tem "a certeza na frente" ou "a história na mão", como recitava Geraldo Vandré na letra de "Pra não dizer que não falei de flores", cujo refrão muito famoso repetia: "quem sabe faz a hora, não espera acontecer". O ativismo, aqui, opõe-se às mazelas — "pelos campos há fome", "há soldados armados" — citadas na canção. Não o encontramos no Tropicalismo, que por isso nos deixa por vezes diante do impasse, mais do que "caminhando e cantando e seguindo a canção". Enquanto a canção de protesto fazia uma crítica social direta alinhada à confiança teleológica em um futuro popular, a canção tropicalista problematizava mais alegoricamente a história: não só no conteúdo da mensagem, mas na própria forma estética.

Essa conotação alegórica do Tropicalismo lhe permitia congregar opostos. O pessimismo, portanto, receberia o seu contraponto. Caetano admite que "a nossa descida aos infernos se efetuou como estratégia de iniciação ao grande otimismo — ainda não superamos a fase iniciada em 1967".[41] O compromisso tropicalista com a alegria vinha da percepção da tristeza, ou seja, o otimismo utópico sobre a cultura do Brasil é construído não a despeito do pessimismo diante da realidade concreta do país, e sim a partir dele. *Tropicália ou Panis et circencis* esforça-se na alegria, sentida com a energia social de "Miserere nóbis", o matriarcado absurdo de "Coração materno", a potência do rock de "Panis et circenses", o drama cadenciado de "Lindoneia", o riso irônico de "Parque industrial", o carnaval de "Geleia geral", o lirismo de "Baby", o molejo dançante de "Três caravelas", o passeio de "Enquanto seu lobo não vem", a independência de "Mamãe coragem", o batuque de "Bat macumba" ou a graça divina de "Hino ao Senhor do Bonfim"; mesmo que haja junto injustiça, matricídio, moralismo, morte, sangue, brutalidade, consumo, colonização, repressão, solidão, comércio e batalha. Nem mesmo assim o Tropicalismo diminuiu a pretensão de participar criticamente da cultura através da música. Contestava a ordem vigente, mas não só da política institucional, como também do conservadorismo moral.

Nesse sentido, o Tropicalismo se alinhou de modo singular à tradição de vanguardas iniciada no final do século XVIII pelo Romantismo alemão. Pretendia fazer da arte a ponta de lança das transformações na vida. "Como o Romantismo, a vanguarda não foi apenas uma estética e uma linguagem", percebeu o ensaísta Octavio Paz, pois "foi uma erótica, uma política, uma visão de mundo, uma ação: um estilo de vida".[42] Não se estranhe, portanto, que o Tropicalismo seja canção e, ao mesmo tempo, mais que canção: a experimentação musical era, também, uma erotização do corpo, uma micropolítica e uma performance visual e discursiva. O movimento, junto à contracultura dos anos 1960, era música e, simultaneamente, gesto, atitude. Sua aproximação do rock e dos hippies acontecia inclusive por aí. Tratava-se de um episódio da ascensão, na segunda metade do século XX, de uma nova camada social e também de uma nova faixa de consumo: a juventude. O seu relevo nessa época não tinha precedentes na história. E o Tropicalismo, seja por seus produtores, seja por seu público, seria impensável sem a juventude em geral e os estudantes em particular. Estava aí o seu campo de ação. Estava aí a energia de transformação tropicalista, cuja novidade era abrir mão, do ponto de vista social, do povo como protagonista e, pelo viés histórico, do futuro previsto como um objetivo.

Recorrendo ainda à terminologia de Octavio Paz e aplicando-a ao caso do Tropicalismo, ele significou um movimento não tanto de revolução quanto de rebelião.[43] Em ambos, há a crítica da tradição, mas apenas a revolução é seguida por um ideal fechado de futuro. Na rebelião, o futuro mantém a indeterminação. Isso explica que grande parte da esquerda política do Brasil tenha sido arredia ao Tropicalismo. Essa esquerda, formada pelos conceitos da filosofia de Karl Marx e orientada pelo ideal socialista de futuro, fora atuante inclusive nos importantes Centros Populares de Cultura, os CPCs. Se ela foi tomada de surpresa pela estética tropicalista, o foi também pela passagem do modelo crítico da revolução para a prática contemporânea da rebelião. "Na opção tropicalista", apontaram Heloisa Buarque de Hollanda e Marcos Augusto Gonçalves, "o foco da preocupação política foi deslocado da revolução social para o eixo da rebeldia".[44] O movimento abria uma fenda entre o protesto e a alienação, o engajamento e o lazer. Respectivamente, esses polos encarnaram-se na música daquela época com Geraldo Vandré e com o iê-iê-iê de Roberto Carlos e a Jovem Guarda. *Tropicália ou Panis et circencis* desfaz a dualidade. Suas canções atrelavam crítica e prazer, sem que uma se desse à custa da outra. Era como se, a despeito daquela descida aos infernos, só com alegria pudesse haver mudança. Pois a rebelião, algo surrealista, não abre mão do corpo, do prazer, do sonho. Seria outra forma de utopia?

Gil sustenta que a "Tropicália era uma ilha, uma utopia".[45] Como se sabe, a própria palavra "utopia" nascera atrelada a uma ilha imaginada, através da obra de Thomas Morus, em 1516. Na sua *Utopia*, o autor nos apresenta relatos de viagem de um navegador português que teria conhecido a ilha homônima, onde haveria uma sociedade que, se não era perfeita, era ao menos melhor do que a Inglaterra da sua época. Caetano também chegaria a dizer que ele e os tropicalistas tinham na mira algum tipo de utopia para sair das sombras, projetando essa expectativa em Jorge Ben, mas o fazia com uma consciência crítica de que eram "da linhagem daqueles que consideram tolo o otimismo dos que pensam poder encomendar à história salvações do mundo".[46] Portanto, se há uma utopia tropicalista, ela fica à distância da redenção final prevista pelas modernas filosofias da história, desde Kant, Hegel ou Marx. Nesse sentido, o Tropicalismo foi, no Brasil, uma expressão musical do que Octavio Paz chamaria de "ocaso do futuro" e que marcou os anos 1960 e 1970.[47] Naquele momento, ainda falar de utopias não era coisa fácil, elas estavam desgastadas devido ao fracasso das revoluções que as buscaram.

Já em 1949, Oswald de Andrade afirmara que a poesia da época mostrava um "neutro avesso da utopia a que o homem se habituou, depois da frustração de seus messianismos".[48]

O poeta modernista, celebrado no Tropicalismo, admite a sua decepção após a guerra mundial recém-terminada. Em nome das utopias futuras, os messianismos — como o nazismo de Hitler e o bolchevismo de Stalin — cobriram a velha Europa de campos de concentração. Viraram distopias com viés totalitário. Oswald também pensava no Brasil, no Modernismo e em sua ideia de antropofagia, pela qual nós devoraríamos a cultura estrangeira para transformá-la e para transformarmo-nos, ao mesmo tempo. Considerava a antropofagia uma forma de utopia, suspensa contudo pelo hábito agora acomodado no seu neutro avesso, ou seja, no seu outro lado desprovido do viço crítico original. O otimismo que os modernistas tinham na década de 1920 diante da formação e do futuro do Brasil não subsistia o mesmo em 1949. O mundo mudara. O Brasil mudara. "Mas a revolta não acabou", advertia também Oswald, deixando no ar a pergunta que — entre sombras e utopias, pessimismos e otimismos, tristezas e alegrias — ecoaria ainda depois durante todo o movimento musical do Tropicalismo: "como cantar com a boca cheia de areia"? Como fazer poesia àquela altura?

Caetano afirmou que "o Tropicalismo é um neoantropofagismo".[49] Nessa expressão, ele cifrava sua forte identidade espiritual com a proposta modernista da antropofagia, mas também, através do prefixo "neo", a sua diferença histórica diante dela. Era aquela antropofagia, mas renovada. É que se tratava de cantar — e aqui essa primeira parte da metáfora de Oswald ganha sentido literal, já que o movimento era de fato musical — com a boca cheia de areia: após a frustração dos messianismos modernos, após até a própria antropofagia sofrer um abalo como utopia e após o golpe militar. No Brasil, a construção da capital, Brasília, signo da utopia nacional, tinha se metamorfoseado do sonho moderno, civil e democrático do presidente Juscelino Kubitschek em um cenário real para os futuros governos militares vindos do golpe. O plano piloto para a construção de Brasília, de Lucio Costa, e a arquitetura de Oscar Niemeyer converteram-se em "monumento no planalto central do país" para um comando cujo autoritarismo era facilitado pelo isolamento geográfico da capital, diferente do que acontecia quando ela se situava no Rio de Janeiro. Mas a revolta não acabara. O Tropicalismo era a permanência do espírito de revolta e rebeldia, contudo, sem o messianismo tradicional que, nos anos 1960, era identificado em grande medida com o populismo.

Segundo Caetano, o Tropicalismo nasceu de um momento traumático: um momento de desilusão com o messianismo populista de formato clássico, como o de Getúlio Vargas, e com a própria fé política nas forças populares enquanto um valor ético em si. Essa desconstrução da crença da esquerda no povo veio à tona com o filme *Terra em transe*, de Glauber Rocha, no qual a demagogia populista de governantes é ridicularizada e, numa cena chocante de um comício, um poeta — o protagonista da trama, Paulo Martins — chama um trabalhador e tapa a sua boca com a mão, a fim de evidenciar seu despreparo político, gritando dali que "isto é o povo, um imbecil, um analfabeto, um despolitizado". O cinema teria então dado a senha para a música tropicalista assimilar um Brasil mais além da polarização entre direita conservadora e esquerda revolucionária. "O golpe no populismo de esquerda libertava a mente para enquadrar o Brasil de uma perspectiva ampla", alegaria Caetano, "permitindo miradas críticas de natureza antropológica, mítica, mística, formalista e moral com que nem se sonhava".[50] O abandono da obsoleta ideologia populista sobre o país destravava uma chance de enxergá-lo por outros ângulos e de revisar o papel do artista diante dele no presente, o que perturbava o sentido da antiga noção de engajamento cultural de esquerda.

Desmontava-se, em *Terra em transe*, a definição até então fixada do papel político do artista ou do intelectual. No filme, "o poeta se revela herdeiro de uma tradição autoritária", apontou Ismail Xavier em *Alegorias do subdesenvolvimento*, pois eram colocadas "a nu as contradições do intelectual engajado num momento em que ele toma consciência de suas ilusões quanto ao caminho da história".[51] O Tropicalismo filiava-se a essa consciência, por isso o seu trauma nesse momento. Separava-se, precisamente aí, das esperanças da canção de protesto e do Centro Popular de Cultura, bem como do Partido Comunista. Na verdade, fazia o epitáfio da convicção política que, até bem pouco tempo, era majoritária no próprio Cinema Novo e na música popular brasileira. O povo agora se mostrava passivo e o artista, truculento. Em 1967, *Terra em transe* fazia um luto alegórico, mesmo que confuso, da crença populista em uma revolução brasileira representada na frase, emblemática para o filme, segundo a qual "precisamos de um líder". Despede-se do paternalismo, da arte pedagógica, da pretensão de conscientizar as massas, da onipotência da intervenção do intelectual na comunidade, da inocência do artista que se via como o "conselheiro-mor" do poder. Os pressupostos tradicionais das táticas de militância e do engajamento da arte entravam em crise.

Daí vinha a divergência entre o Tropicalismo e a canção de protesto, pois ela desconhecia a crise do modelo tradicional de engajamento. Essa divergência é perceptível nos diferentes usos do coro em cada caso, como mostrou Flora Süssekind.[52] Na música de protesto, o coro tentava gerar "frentes únicas" de resistência, usar palavras de ordem, cantar "a uma só voz" e produzir uma homogeneidade como a que Geraldo Vandré atingiu ao entoar "Pra não dizer que não falei de flores" no Maracanãzinho, em 1968, com milhares de pessoas o acompanhando em uníssono. Todos repetiam uma só mensagem. Já o coro na música tropicalista enfatiza disparidades, descompassos, contrários e tensões. Sua heterogeneidade veta um apoio harmônico da multidão em bloco. Ironicamente, o Tropicalismo é, assim, mais resistente à ditadura. É que, embora o conteúdo das canções de protesto atacasse o governo, a sua forma era aparentada aos hinos populistas e propunha marchas unidirecionais com todos em união. Por sua vez, as canções tropicalistas tinham uma forma estética que bloqueava projeções totalitárias homogêneas. Na arte, a forma é, em si mesma, política. No Tropicalismo, a resistência histórica era dada na constituição concreta da música, não apenas nas intenções e mensagens de seus autores, como era frequente na cultura de esquerda do país.

Nesse sentido, as canções de *Tropicália ou Panis et circencis* traziam uma dose subversiva mais alta do que outras que, embora críticas no conteúdo, eram conservadoras na forma. Havia algo corrosivo no Tropicalismo que se transmitia não somente através da música, mas na música. Rejeitava-se, assim, a concepção instrumentalizada da arte, aquela que a coloca simplesmente a serviço de causas que lhe são exteriores, como Capinan, oriundo do CPC, já havia admitido. Sendo assim, os tropicalistas não atuavam só na "epiderme temática", mas sim no estrato profundo da linguagem da música popular, de acordo com o diagnóstico de Augusto de Campos, e, "por isso mesmo, eles incomodam mais do que muitos protestistas ofensivos, logo assimilados pelo sistema".[53] Isso que o crítico chama de "sistema" pode ser substituído pelas normas socialmente dadas. O ponto, aqui, é que, sem uma linguagem nova, mesmo a mais popular das mensagens na arte é domesticável por aquilo que ela pretende criticar. Obras que alardeiam protesto, ainda hoje, atuam por vezes só na epiderme temática, desprezando o trabalho na forma pelo qual a arte se faz arte, ou seja, pelo qual ela se especifica e, ao mesmo tempo, especifica o modo de resistência política que lhe é próprio e não se acha alhures. Parte da esquerda dos anos 1960 reduziu a arte a protesto populista.

Ressalve-se, porém, que nem todo o campo da esquerda política no Brasil estava associado à convicção inocente do populismo, como a versão de Caetano em *Verdade tropical* pode fazer parecer. Basta ler o mais relevante opositor crítico dos tropicalistas, o marxista Roberto Schwarz, que também acharemos um ataque, na mesma época, ao populismo e seu endosso pelo Partido Comunista, ambos incapazes, para ele, de mexer na estrutura de classes do capitalismo que deveria ser revolucionada.[54] Isso entre 1964 e 1969. Não é exatamente nisso, então, que o Tropicalismo aparta-se das interpretações da esquerda marxista brasileira. Seus melhores autores eram também contrários ao populismo. O que encantou Caetano em *Terra em transe* e que, aí sim, o afastou dessa esquerda foi "a dramaturgia política distinta da usual redução de tudo a uma caricatura esquemática da ideia de luta de classes".[55] Por outro lado, a inteligência marxista condenava o descaso tropicalista por essa luta de classes. Todos concordavam, entretanto, que havia na época, segundo o autor comunista José Paulo Netto, a "fetichização do povo como entidade histórica".[56] O que diferençava o Tropicalismo da melhor esquerda da época não era sua crítica ao populismo, mas a rejeição da explicação da sociedade na qual a luta de classes preponderava quase exclusivamente sobre todo o resto.

Eis porque, em *Verdade tropical*, Caetano defende-se de críticas dirigidas a ele no final dos anos 1960, postulando que seus autores "nunca discutiam temas como sexo e raça, elegância e gosto, amor ou forma".[57] Era como se o debate em torno do conflito econômico entre burguesia e proletariado obliterasse a visão de outras formas de embate na sociedade. O marxismo que dominava a interpretação da esquerda sobre o Brasil deixava à sombra, para Caetano, diversos problemas do país sobre os quais o Tropicalismo queria lançar luz. Isso explica o sentimento de que *Terra em transe*, ao decretar a morte da crença na energia revolucionária do povo, fosse menos um "fim das possibilidades" do que um "anúncio de novas tarefas" para os tropicalistas.[58] Sua "anarquia comportamental"[59] tinha a ver com isso. Os cabelos selvagens, a dança erótica e as roupas de plástico de Caetano no III Festival Internacional da Canção da Globo, em 1968, propunham justamente a ação artística de transformação em um campo da cultura além ou aquém da luta de classes dualista, e também não coincidente com ela. O choque estético era, ao mesmo tempo, moral. Incidia sobre costumes que, na linguagem da época, seriam caretas e que várias vezes eram igualmente distribuídos nas políticas de esquerda e de direita, fator que, evidentemente, aumentava a polêmica tropicalista.

Exemplar da polêmica gerada pelo Tropicalismo ao desfazer dualismos foi a reação do diretor de teatro Augusto Boal, que defendera o maniqueísmo. Para ele, interpretações fora da estrutura dicotômica seriam suspeitas. "Os repetidos ataques ao maniqueísmo partem sempre de visões direitistas que desejam", Boal reprovava, "instituir a possibilidade de uma terceira posição, da neutralidade, da isenção, da equidistância, ou de qualquer outro conceito mistificador", e concluía que afinal "sabemos que existe o bem e o mal, a revolução e a reação, a esquerda e a direita, os explorados e os exploradores".[60] O argumento todo é baseado num binarismo honesto, mas simplista. Se por vezes, ao escrever sobre alguma coisa, caricaturamos o que se opõe a ela, com o Tropicalismo a caricatura está pronta. É Boal. Para ele, há apenas duas posições no mundo, que viram uma moral, pois haveria o certo e o errado: o bem e o mal universais, absolutos. Reduz-se qualquer outra possibilidade à má-fé, pois "na verdade", ou seja, se falássemos com sinceridade, admitiríamos que ou se está de um lado, ou do outro. Não há liberdade para novas possibilidades, só se aceita a posição igual à sua, ou a oposta à sua. O resto é um mero jogo de cena falso para camuflar reacionarismo ou abstencionismo.

Embora Roberto Schwarz tenha razão ao indicar que, em *Verdade tropical*, Caetano generaliza demais a esquerda "como um bloco maciço, antidemocrático em política e retrógrado em estética", desprezando exceções brilhantes como um Mário Pedrosa, Anatol Rosenfeld, Paulo Emílio Sales Gomes e Antonio Candido,[61] seu enfrentamento com músicos e artistas marxistas contemporâneos justificava certa má vontade. Ilustrando com um caso: quando Caetano e Gal, após gravarem "Baby", foram a um restaurante comemorar seu feito e esbarraram ali com Geraldo Vandré, este pediu para escutar a canção. Sendo logo atendido, nem deixou que Gal terminasse. Interrompeu-a rispidamente para dizer que era "uma merda".[62] Se acreditarmos nesta versão contada por Caetano, fica claro o autoritarismo que o cantor de protesto queria exercer sobre os pares tropicalistas, acusados de traírem a cultura brasileira — haja vista a referência de "Baby" a objetos de consumo triviais — e o compromisso político participante. Esse episódio lembra a cena de Paulo Martins em *Terra em transe*: Vandré não chegou a tapar a boca de Gal, mas a sua atitude transparece a certeza do artista militante que se acha do lado do bem e da verdade ao mesmo tempo que mantém intactos, na crença revolucionária, o elitismo truculento diante do trabalhador, num caso, e o machismo que trata grosseiramente uma mulher, no outro.

Indo além desse desagradável acontecimento, Caetano explana que sua desconfiança não se dirigia apenas a Vandré, mas a toda uma lógica contumaz de artistas que, supondo falarem eles em nome do povo, reivindicam para si algum privilégio. Ele conta que, a certa altura, Vandré teria proposto ao empresário dos tropicalistas, Guilherme Araújo, que não competissem mais com as suas canções, devido à sua relevância para o país. "Muitas vezes eu me perguntei", comentaria o insinuante Caetano, "se não seria isso um esboço dos prestígios oficiais de que gozam, em nome da história, figurões insossos de países comunistas".[63] Era como se ele suspeitasse que a oposição à ditadura militar de direita comportava várias vezes um autoritarismo civil de esquerda que tampouco zelava pela liberdade e a democracia. O Tropicalismo foi, assim, uma expressão musical cujo espírito acomodava-se mal a qualquer proposta de "ditadura do proletariado", como era bastante comum na esquerda daquela época. Isso se devia tanto ao evidente teor antidemocrático da defesa de uma ditadura, mesmo que fosse diferente daquela em vigor, quanto ao entendimento de que as formas de pobreza e exploração no Brasil tinham uma complexidade própria, o que dificultava seu enquadramento, sem maiores problemas, na categoria marxista de proletariado.[64]

O enfrentamento dos tropicalistas com artistas marxistas conheceu o seu mais agudo momento em debate promovido na FAU, a Faculdade de Arquitetura e Urbanismo de São Paulo. Convidados para discutir as suas ideias, Caetano e Gil, na verdade, foram atraídos para uma armadilha, na qual seriam mais provocados do que perguntados. Já a escolha dos debatedores era sintomática: o compositor Maranhão e o jornalista Chico de Assis, ambos famosos críticos do Tropicalismo. Os baianos, por sua vez, pediram o apoio dos poetas concretos de São Paulo, que atenderam ao chamado: Augusto de Campos e Décio Pignatari compareceram na hora. Vaias e até bombinhas foram ouvidas. Contudo, mais representativo que a confusão foi o panfleto distribuído no auditório, na hora mesmo, por Augusto Boal, no qual um ataque direto ao Tropicalismo foi desferido. Caetano e Gil arcavam com o ônus de seu movimento coletivo, uma vez que o pano de fundo da briga era a disputa do Teatro de Arena, de Boal, com o Teatro Oficina, de José Celso Martinez Corrêa, o aliado dos tropicalistas com verve participativa. No panfleto de Boal havia uma crítica — de origem marxista — ao elitismo burguês que, para ele, atingia a maior parte da arte brasileira dos anos 1960 e preferencialmente o Tropicalismo, pois "o povo e sua temática estão aprioristicamente excluídos".[65]

Boal era personalidade de peso no teatro e na cultura no Brasil pois, além das suas peças, dirigira o show *Opinião*, oriundo do Centro Popular de Cultura, o CPC, que tinha sido extinto pela ditadura em 1964. O show o aproximara de figuras da música dos anos 1960 alinhadas com a canção de protesto. Nara Leão e Maria Bethânia fizeram parte do elenco, embora a primeira depois tenha atuado no Tropicalismo e a segunda tenha se afastado de qualquer grupo fechado. Isso contribuiu para Boal criticar o Tropicalismo a partir de categorias das quais seus músicos se afastavam: o povo e a luta de classes. "Pretende *épater* mas consegue apenas *enchanter les bourgeois*", acusava Boal, tendo em vista a ineficácia crítica do Tropicalismo, que repercutiria em um movimento que "ataca as aparências, e não a essência da sociedade".[66] Repare-se que está clara para o teatrólogo qual é a essência única da sociedade a ser combatida: sua divisão de classes, que confere superioridade econômica à burguesia. Só que as ações tropicalistas encantariam a burguesia, em vez de chocá-la. Da perspectiva tropicalista, contudo, tratava-se de ampliar a crítica à injustiça social com o povo, presente em "Miserere nóbis", por exemplo, para outros campos da cultura onde novos conflitos surgiam.

3. Eros e civilização

O alvo preciso da crítica tropicalista são "as pessoas da sala de jantar", as "ocupadas em nascer e morrer". Não são as classes dominantes e o capitalismo. É um conservadorismo pequeno-burguês em sentido cultural, mais que econômico. Nem o proletariado nem o povo têm a missão revolucionária que a arte deveria destacar. Na canção "Panis et circenses", de Caetano e Gil, e executada pelos Mutantes, aquela "sala de jantar" representa costumes tradicionais de uma família que seria de classe média. Importa menos, entretanto, a classe econômica de seus integrantes do que o ritual conservador que eles perpetuam. São pessoas reduzidas ao mínimo da sobrevivência: nascer, morrer e, no meio disso, comer. Não há acontecimento maior ou agudeza em suas vidas. Desprezam a arte. São o neutro avesso da utopia. "Eu quis cantar", proclama a voz poética, identificando-se assim com o desejo ("quis") e a arte ("cantar"). "Eu quis cantar minha canção iluminada de sol." Contudo, cada vez que essa frase soa, segue-se a ela a partícula adversativa "mas", apresentando as pessoas que se contrapõem ao "eu quis cantar".

O esquema básico de "Panis et circenses" — a grafia do segundo termo da expressão na canção saiu diferente da do disco — é de oposição. Por isso, a despeito das belas imagens da canção, a palavra crucial a partir da qual elas se estruturam é a referida partícula adversativa, o "mas". É ela que sustenta a música em dois lados. Do ponto de vista gramatical, conforme observou Noemi Jaffe,[67] a oposição se faz entre a primeira pessoa do singular e a terceira pessoa do plural: eu e eles. Socialmente, a oposição se espelha: se o eu é sozinho e singular, eles são muitos e impessoais. Só que há mais: existencialmente, o eu aparece como o sujeito do seu desejo, pois funda o próprio aparecimento no querer, no querer cantar. Já eles ocupam a sala de jantar sem desejo. Nascem e morrem somente. "Soltei os panos sobre os mastros no ar", mas não adianta nada. "Soltei os tigres e os leões nos quintais." Os esforços do eu que quer cantar são tão fortes quanto inúteis: tigres e leões demonstram sua liberdade impetuosa que mal cabe em um ambiente tão modesto e doméstico como o quintal. Mesmo assim, a sala de jantar fica vedada. Insiste-se no verbo "soltar", sugerindo que há muita coisa presa. Nada, contudo, entra na sala. Não há lugar na casa para tal liberação. Ela se mostra, assim, utópica, já que a palavra, de origem grega, significa etimologicamente não lugar: o "u" provém de uma partícula que nega o que lhe sucede e o "topos" é lugar.

Há, em "Panis et circenses", uma topologia. O eu que quer cantar situa-se em um espaço tão aberto que nunca define um lugar exato. É utopia. Estamos em um espaço iluminado de sol, com ar, nos quintais e no jardim. Opõe-se a este espaço um outro, que é fechado, sombrio, interno: a sala de jantar. É um lugar ou "topos" determinado, específico e certo. É o neutro avesso da utopia. Na gravação do LP *Tropicália ou Panis et circencis*, esse efeito é sublinhado pela introdução, já no fim, dos sons de copos, pratos, talheres e uma conversa típica de jantar familiar, onde escutamos comentários banais como "me passa a salada, por favor" ou então "só mais um pedacinho". No fundo, como mero som incidental, ouvimos a valsa *Danúbio azul*, de Strauss, cujo caráter clássico já corriqueiro ajuda a construir um clima de conservadorismo moral. Os arranjos de Rogério Duprat estruturam tudo. Na voz de Rita Lee, o eu lírico, a despeito da indiferença da tradicional família pequeno-burguesa, marca a sua violência — "mandei fazer de puro aço luminoso punhal" — e vislumbra o por vir em aberto — "mandei plantar, folhas de sonhos do jardim do solar, as folhas sabem procurar pelo sol". Do Solar da Fossa onde moraram vários tropicalistas, vinha aqui o verbo "plantar", a única pista acerca do tempo em uma canção espacial. Um incerto e onírico futuro se abre como promessa tropical.

Novamente, o Tropicalismo se afastava das canções de protesto, pois elas firmavam-se resolutas na direção do futuro. É possível comparar um e outras por suas diferentes imagens poéticas acerca da maneira de andar pela cidade: em "Pra não dizer que não falei de flores", de Vandré, é a caminhada que permite obter uma direção definida de futuro; já em "Enquanto seu lobo não vem", é o passeio, cuja deambulação no presente dispensa as direções prévias. Na caminhada de Vandré, há objetivo final, há *telos*, ou seja, ela se alinha à teleologia que, para alguns filósofos modernos, determinava o tempo histórico e explicava as revoluções. Em "Aroeira", Vandré fala "no dia que já vem vindo, que esse mundo vai virar". Estão aí futuro e revolução, um atrelado à outra: o dia por vir e o mundo virado. No passeio de Caetano, o andar é mais solto e desprendido de objetivo, embora por ora fadado ao fracasso, devido à repressão. Era 1968.

Em "Alegria, alegria", Caetano já tematizara um passeio mais tranquilo. Era 1967. Lançara mão, para abrir essa composição, da mesma palavra que, um ano depois, consagraria Vandré: "caminhando". O feitio, porém, é outro. O eu lírico da canção, "caminhando contra o vento, sem lenço e sem documento", é desprovido de identidade. Diz "eu vou", mas não esclarece para onde ou por quê. O narrador se compraz em só deslindar o que vê, e o faz no presente confuso das cidades: olha bancas de revista, fotos e nomes, toma uma Coca-Cola. O fim algo apoteótico da música não o é por prever uma virada do mundo e um futuro certo. O fim nem é, a rigor, uma afirmação, mas uma pergunta — por que não? Paulo Eduardo Lopes, que analisou diferentes empregos da expressão "caminhada" na música popular, percebeu que, em "Alegria, alegria", a "'caminhada' do sujeito não leva a nenhuma progressão".[68]

Para finalizar a comparação, cabe sublinhar que a caminhada de protesto era coletiva e a tropicalista, individual. "Somos todos iguais, braços dados ou não, nas escolas, nas ruas, campos, construções", escutamos na canção de Vandré. "Eu vou", ouvimos em "Alegria, alegria". Sou eu que vou. Mesmo em "Enquanto seu lobo não vem", o passeio surge como convite a um "amor", indicando que também não se daria com "todos iguais". Nisso, o Tropicalismo opunha-se ao achatamento das diferenças individuais, muitas vezes solicitado em nome de um bem maior na política: fosse a nação, a revolução ou o futuro. Sua suspeita diante da esquerda brasileira originava-se na tolerância de parte dela com experiências socialistas, como a soviética de Stalin ou até a cubana de Fidel, que perseguiram, censuraram e mataram no presente em nome do futuro de igualdade.

Numa página arguta, Heloisa Buarque de Hollanda situou o Tropicalismo dentro da "crise de uma perspectiva de futuro" conjugada à "noção de revolução marxista-leninista".[69] Quando os tropicalistas falavam da revolução a ser promovida por seu movimento, o substantivo era empregado na acepção corrente de transformação radical e geralmente aplicado só para a história da cultura, ou seja, sem o compromisso com um programa de futuro para toda a sociedade. No roteiro fictício da contracapa de *Tropicália ou Panis et circencis*, o lema "o Brasil é o país do futuro" foi rechaçado, com Caetano e Capinan afirmando que o gênero saíra de moda "no Brasil e lá fora: nem ideologia nem futuro". Na época, práticas revolucionárias davam sinais de autoritarismo e burocratização, como na União Soviética, mas a própria ideia de revolução perdia seu encanto pela pretensão de uma "colonização do futuro"[70] (para aproveitar a expressão conhecida de Octavio Paz). Os tropicalistas rebelaram-se contra toda submissão do presente ao futuro, o que os distanciou do ideal revolucionário à direita e à esquerda.

Essa rebeldia era, do ponto de vista do marxismo, condenável. Tome-se o exemplo de Leandro Konder, uma figura de proa da intelectualidade de esquerda no Brasil, que acusava a "inocuidade" da atitude de "rebeldia" que podia ser vista, por exemplo, no filme *Terra em transe*, de Glauber Rocha. Para ele, a rebeldia, por si mesma, "não basta para que a conduta humana se torne plenamente libertária: é preciso que o inconformismo se exerça na direção certa".[71] Escrevendo no calor da hora, exigia portanto justamente aquilo que, conscientemente, os tropicalistas evitavam: conduzir a crítica iconoclasta para um fim certo e uma direção fechada de futuro. *Tropicália ou Panis et circencis* estava espantando, por assim dizer, um "fantasma da revolução brasileira" à sua volta, como o denominou o pesquisador Marcelo Ridenti. Empregando seus termos, "o fantasma que a esquerda brasileira tem de superar é o das revoluções projetadas; derrotadas, no entanto, pela força da contrarrevolução".[72] Referia-se ao empuxo vitorioso do golpe de 1964 que pôs fim aos projetos revolucionários anteriores. Nos anos 1960, o Tropicalismo fez o luto pela morte desses projetos e estava desassombrado em relação ao fantasma. Por isso foi árduo compreendê-lo na época. O próprio Ridenti notou a sua mistura de sentido revolucionário na forma estética e de sentido anárquico na mensagem política, o que para muita gente, contudo, soava apenas reacionário.[73]

Não se trata, para os tropicalistas, de tomar o poder por uma revolução, seguindo a tradição intelectual marxista quanto à práxis política. O próprio Marx, ao discutir *A ideologia alemã*, escreveu que "somente com uma revolução a classe que derruba detém o poder de desembaraçar-se de toda a antiga imundície".[74] Na frase, fica claro que existe uma classe, o proletariado, que toma o poder da outra, a burguesia. Nas canções tropicalistas, porém, a crítica dirige-se menos ao poder dos donos dos meios de produção sobre aqueles que vendem a força de trabalho e mais às "pessoas da sala de jantar", como dizia "Panis et circenses", ou seja, a um conjunto conservador de valores morais que perpassava todas as classes sociais. Embora pudessem parecer frívolas ou secundárias para parte da intelectualidade marxista, as preocupações que os tropicalistas queriam colocar em pauta diziam respeito não só à pobreza e à exploração, mas à homossexualidade, ao machismo, ao racismo, ao divórcio, à pílula anticoncepcional, à liberdade estética. Em suma, tratava-se de relativizar a dicotomia moral entre bem e mal, certo e errado — proveniente de valores tradicionais que normatizavam genericamente a vida das pessoas, independentemente de seus desejos particulares.

Isso é evidente em *Tropicália ou Panis et circencis*, mas está espalhado por todas as obras tropicalistas. Desde "Eles", canção do primeiro disco solo de Caetano, já era assim. "Em volta da mesa, longe do quintal", eis onde "eles" se situam, já que "eles têm certeza, do bem e do mal". Eles são as pessoas da sala de jantar, são os representantes do conservadorismo moral repressor, especialmente para jovens rebeldes. Os tropicalistas atacavam essa certeza moral tradicional da direita e da esquerda, de ricos e pobres (todos igualmente concentrados "no dia de amanhã", como repete várias vezes a canção "Eles", sugerindo a crítica à prioridade do futuro sobre o presente). O bem e o mal serviam como categorias universais para julgar as condutas dos outros, desrespeitando a individualidade irredutível de cada um no cotidiano da vida social. Variações de metáforas das pessoas em volta da mesa e na sala de jantar constam ainda na canção "Deus nos salve esta casa santa" (gravada por Nara Leão, composta por Caetano com Torquato) ou na engraçada "Namorinho de portão" (de Tom Zé), que fala de um "bom rapaz, direitinho". Em todos esses casos, o poder questionado é menos o do grande capital econômico e mais o das pequenas moralidades familiares. Havia um outro conflito tomando forma nesses anos: no lugar da luta de classes, que evidentemente não desaparecera, passava a ganhar relevo a luta entre as gerações, nos costumes cotidianos.

No III Festival Internacional da Canção da Globo, a acusação que Caetano faz no discurso em que enfrenta o público de jovens que o vaiava era justamente de que, embora quisessem tomar o poder, provavam-se ali tão intolerantes em arte como os integrantes do Comando de Caça aos Comunistas (CCC) em política, que pouco antes tinham espancado os atores da peça teatral *Roda viva* (de autoria de Chico Buarque e dirigida por José Celso Martinez Corrêa, em São Paulo). Lembre-se que os jovens no festival, além dos ataques verbais, atiraram de fato objetos no palco. Caetano aproveitou e provocou: se vocês forem em política como são em estética, estamos feitos.[75] Essa crítica tropicalista explicitava o dogmatismo espraiado na cultura brasileira, e não só concentrado no governo ditatorial (cujo autoritarismo agradava a boa parte da sociedade que zelava pela ordem). Ele penetrava desde a arte até a família, desde as instituições até a sexualidade, e assim por diante. Não foi apenas por causa dos laços do governo militar com o grande empresariado do Brasil que a nossa ditadura nacional teve um quinhão civil, como tem insistido o historiador Daniel Aarão Reis,[76] mas também porque ela era apoiada por grande parte da população, em nome de valores morais tradicionais e da manutenção dos costumes de bem. Devemos nos lembrar de que em 1964 houve a Marcha da Família com Deus pela Liberdade, mobilizada contra uma suposta ameaça comunista.

Na década de 1990, a minissérie *Anos rebeldes*, de Gilberto Braga, exibida na TV Globo, expôs o desencontro das afinidades políticas e geracionais da época dos tropicalistas. No enredo, os protagonistas João Alfredo e Maria Lucia, vividos ali por Cássio Gabus Mendes e Malu Mader, apaixonam-se. Ele se engaja politicamente na luta contra a ditadura, adere à guerrilha urbana e acaba exilado. Só que antes acha grande afinidade de ideais com o seu sogro, pois ambos são de esquerda e de orientação socialista. O contato simpático nos assuntos coletivos da política, entretanto, será quebrado adiante pela discordância nos problemas privados da moral, marcados pela distância geracional. Quando o pai descobre na bolsa da filha uma cartela de pílulas anticoncepcionais, sua reação imediata é de desaprovação. Como se sabe, o surgimento das pílulas foi saudado porque contribuía para uma independência e liberação sexual das mulheres. Essa passagem da série de televisão explicitava que a crítica à sociedade brasileira na década de

1960 nem sempre era a mesma, dependendo se o que estava em jogo era política ou moral, governo ou costumes, velhos ou jovens, Estado ou cultura, marxismo ou sexualidade. Nesse ponto, os tropicalistas pareciam muito afinados com os estudos do filósofo alemão Herbert Marcuse. Em 1955, ele publicara um livro de relevância extrema para os jovens daquele momento: *Eros e civilização*, no qual conjugava o marxismo à psicanálise. Referia a crítica ao capitalismo não somente à economia, mas também ao excesso de repressão ao prazer individual (Eros) exigido para a constituição social coletiva (civilização). Marcuse denunciava, ali, a castração do prazer, da fantasia, da arte e da sexualidade como o problema central da vida da época, tendo em vista escritos tardios de Sigmund Freud. Identificava a ausência de liberdade como fruto do progresso. Parafraseando o conceito de mais-valia de Marx, falava de uma mais-repressão.[77] Sua tese era que, embora certa repressão de pulsões individuais fosse incontornável para a vida em conjunto, na sociedade atual teríamos uma repressão grande demais, fundando uma moralidade tão cheia de proibições que tornaria difícil a felicidade. Em "Parque industrial", Tom Zé ironizava "a revista moralista" que "traz os pecados da vedete". O Tropicalismo — nas canções e nos gestos, nas músicas e nas atitudes — buscava um alargamento do campo da experimentação individual da imaginação para além desses limites impostos pela repressão excessiva identificada por Marcuse. Ela não estaria presente somente nos aparelhos de Estado, mas também em instituições como a família patriarcal monogâmica, ou seja, nas "pessoas da sala de jantar" e no "bom rapaz direitinho", cantados pelos tropicalistas e espalhados pela sociedade brasileira.

Na mesma época do Tropicalismo, outro filósofo expandia também, numa espantosa sintonia, o conceito de poder frente à tradição marxista. Era Michel Foucault. Ele defendia que a exploração do trabalho e o capital eram uma relação de poder importante, mas não a única. Dizia claramente que as teorias do Estado tampouco esgotavam as relações sociais de poder. Questionava, assim, o protagonismo teórico e prático da luta de classes entre burgueses e proletários, chamando atenção para outros conflitos e outros personagens: "as mulheres, os prisioneiros, os soldados, os doentes nos hospitais, os homossexuais", observaria Foucault em 1972, "iniciaram uma luta específica contra a forma particular de poder, de coerção, de controle que se exerce sobre eles".[78] É que o poder estaria em toda parte: disseminado, microfísico, espalhado. O poder é descentralizado e o Estado, mesmo em uma ditadura, jamais o esgota. Ele é exercido, por exemplo, nas relações familiares, raciais ou de gênero, justamente aqueles assuntos que os tropicalistas, segundo Caetano, quase nunca viam discutidos mesmo no espectro político de esquerda do Brasil que era filiado ao marxismo.

Nesse contexto, a emergência do Tropicalismo em 1967 foi uma novidade na cultura brasileira. Simultaneamente, fazia o triste luto pela derrota dos ideais revolucionários e comemorava o alegre jogo de outras possibilidades abertas. O crítico Idelber Avelar chamou a primeira parte desse processo, relativa ao luto, de "alegorias da derrota" (embora não tivesse em vista o Tropicalismo nem os intérpretes que o classificaram como alegórico, mas a literatura latino-americana pós-ditatorial[79]). Identificou que aquele momento foi o traumático fim da época heroica das artes modernas na qual a produção de símbolos estéticos justificava a atuação de "figuras literárias fundacionais que apresentavam sua escrita como momento inaugural em que contradições de natureza social, política e econômica podiam ser finalmente resolvidas".[80] No final da década de 1960, perdia-se assim o referente totalizante da simbolização do país e de seu futuro. "Sei também que a arte não salva nada nem ninguém", dizia Caetano em 1966, "mas que é uma de nossas faces".[81] Ele mesmo, porém, seria uma figura ambivalente nesse aspecto, pois a força poética de sua obra e o carisma de sua personalidade permitiram que nele se projetasse a expectativa da solução de contradições que, embora estivessem apenas sendo apresentadas, pareciam poder se redimir em um artista.

O que chama a atenção no Tropicalismo é que esse luto pelo fracasso dos projetos fechados de futuro foi experimentado, ao mesmo tempo, como um gozo alegre por tudo que se abria a partir de então. Pois aquele engajamento que concedia à arte o papel de porta-voz da massa ou de anunciadora do futuro prendia as suas transformações num processo teleológico previsível e determinado, mesmo que às vezes destinado ao comunismo. Impunha uma conclusão futura para a crítica presente. Livre desse esquema, surgia o espaço poético de jogo e arbitrariedade da alegoria. Daí a alegria tropicalista. Isso se explica pois a "linguagem alegórica extrai sua profusão de duas fontes que se juntam num mesmo rio de imagens", o que foi apontado muito precisamente por Jeanne Marie Gagnebin: "da tristeza, do luto provocado pela ausência de um referente último; da liberdade lúdica do jogo que tal ausência acarreta para quem ousa inventar novas leis transitórias e novos sentidos efêmeros".[82] Os urubus e os girassóis, da canção "Tropicália", são o luto e o jogo: morte e vida, tristeza e alegria. Na ambivalência da imagem, os contrários coexistem: o aberto jardim do solar e as pessoas fechadas na sala de jantar, como no contraste que estrutura a canção "Panis et circenses".

Enquanto a ditadura em 1967 permanecia envergonhada na sua censura à liberdade dos jogos da arte, era possível brincar alegremente, mesmo no luto. Na representação tropicalista, "a história aparece como lugar de deslocamentos sem linearidade e sem teleologia, lugar de uma simultaneidade complexa", observou José Miguel Wisnik, "em que o sujeito não se vê como portador de verdade ('nada no bolso ou nas mãos')".[83] Ou seja, o sujeito aparece ainda referido à liberdade de que essas palavras do filósofo existencialista Jean-Paul Sartre, citadas em "Alegria, alegria", são o emblema: nada no bolso ou nas mãos. Eu vou. Muito em breve, essa possibilidade seria vedada. *Tropicália ou Panis et circencis* situa-se no meio desse processo, em 1968. "No fermento da crise que espalha ao vento, o Tropicalismo", conforme consta o mesmo Wisnik, "capta a vertiginosa espiral descendente do impasse institucional do AI-5".[84] Por mais que se opusesse à canção de protesto, portanto, o Tropicalismo também era político. Sua autonomia jamais foi sinal de descompromisso, e por isso em suas canções está inscrito criticamente o terrível momento histórico de que fez parte e do qual não poderia escapar.

"Eu quis cantar, minha canção iluminada de sol." Esses versos colocavam o verbo já no passado. O canto se frustrara. Em 1968, a arte gostaria de iluminar tudo, mas estava nas sombras. Restava apenas, como dissera Oswald de Andrade, cantar com a boca cheia de areia. *Tropicália ou Panis et circencis* não tinha mais a "alegria, alegria" do estouro tropicalista em 1967, embora não sentisse ainda que "tudo em volta está deserto", como no início dos anos 1970, segundo o verso composto, já no exílio, por Caetano. Esse trecho da música "Como dois e dois" seria cantado por Gal Costa em um show famoso de 1971, *Gal a todo vapor*. Como nota Eduardo Jardim, o show apresentava um apelo catártico para os jovens, com um desespero diferente.[85] No fim, Gal gritava: "Quero ver a luz do sol!" Não havia mais um jogo. Só o luto. Os piores anos da ditadura no Brasil entravam em curso. O Tropicalismo — pouco após seu manifesto em forma de disco, *Tropicália ou Panis et circencis* — já acabava, ao menos enquanto movimento definido, mesmo que sua força poética e suas transformações culturais ainda se propagassem. O exílio biográfico de Caetano e Gil em 1969 após a prisão foi, na verdade, signo do exílio do alegre jogo alegórico pelo qual os tropicalistas pensavam o Brasil e a arte. Não havia espaço para ele no país de então. Haverá hoje?

PLANO MÉDIO

Do resguardo à vanguarda: música após a Bossa Nova

1. Um álbum coletivo

O Tropicalismo foi, no Brasil da década de 1960, uma expressão da arte de vanguarda cuja origem histórica esteve, antes mesmo dos movimentos estéticos do início do século XX, no Romantismo alemão do fim do século XVIII. Isso significa que, lá como cá, constituiu-se um movimento coletivo, ou seja, um grupo articulado de indivíduos com obras e ações comuns, não somente um punhado de artistas com estilos semelhantes. Se desde 1967 havia uma grande movimentação cultural cheia de afinidades, em 1968 consolidava-se um movimento musical bem definido. Sua direção era clara: continuar o desenvolvimento da canção popular brasileira apresentado na década de 1950 pela Bossa Nova. O encarte de *Tropicália ou Panis et circencis* traz sequências de um roteiro fictício de cinema que termina em um diálogo entre o crítico Augusto de Campos e João Gilberto no qual o mestre da Bossa Nova, de sua casa em New Jersey, teria avisado aos tropicalistas: "diga que eu estou daqui olhando para eles". Essa bênção imaginária serviria para o Tropicalismo combinar a concisão clássica da estética bossa-novista — diluída nos epígonos de João Gilberto — com o espírito romântico de abertura pop e até kitsch mais disposto ao embate na cultura brasileira.

Encontramos assim no Tropicalismo brasileiro três aspectos que, desde o Romantismo alemão, caracterizaram os movimentos modernos de vanguarda: a produção coletiva, a inovação na arte e a crítica cultural. Contrariando a ideia de autoria individual, *Tropicália ou Panis et circencis* foi uma obra coletiva, elaborada por 11 pessoas: Caetano Veloso, Gilberto Gil, Gal Costa, Tom Zé, Torquato Neto, José Carlos Capinan, Nara Leão, Rogério Duprat e o conjunto Os Mutantes, com Arnaldo Baptista, Rita Lee e Sérgio Dias. Buscando o desdobramento da canção popular a partir da Bossa Nova, o disco separou-se estilisticamente dela e dos músicos que permaneciam parados em tal estágio histórico. Criticando o conservadorismo da sociedade brasileira e o autoritarismo da ditadura que governava o país, tornou-se uma obra de arte e também um manifesto político.[86]

O álbum pode ser situado na trajetória das vanguardas modernas que começara no Romantismo alemão pois, segundo as palavras de Philippe Lacoue-Labarthe e Jean-Luc Nancy, nele se "antecipa a estrutura coletiva que artistas e intelectuais do século XIX até o presente irão adotar". Por isso, pode-se concluir que "de fato, e sem qualquer exagero, foi o primeiro grupo *avant--garde* da história".[87] Friedrich Schlegel, Novalis e seus amigos formaram o grupo responsável pela revista *Athenäum*, no fim do século XVIII. Demonstraram a consciência coletiva que, até o distante Tropicalismo, veríamos nas vanguardas. Seria possível distinguir, assim, entre um Romantismo intenso, no fim do século XVIII e início do XIX, e um Romantismo extenso, referente à arte moderna que se espraiou no século XX, incluindo as vanguardas históricas: do Expressionismo ao Cubismo, do Surrealismo ao Construtivismo. O Brasil, do Modernismo na década de 1920 ao Tropicalismo na década de 1960, filia-se a esse Romantismo extenso, ou seja, à arte moderna dotada de consciência crítica na busca do novo. Não seria o caso de derivá-los do indianismo do Romantismo nacional, mas de um ímpeto de modernização de vanguarda organizado em grupos que, nos momentos radicais, produziu obras sem autoria única, frutos da reunião de diversos indivíduos.

Como naquele Romantismo alemão original, o que animou o Tropicalismo foi uma experiência coletiva. Se a gênese do movimento é confusa, deve-se exatamente a esse elemento grupal, que nos impede de achar um só fundador. Hélio Oiticica nas artes plásticas e Glauber Rocha no cinema foram propulsores, no meio dos anos 1960, de um estado de vanguarda, ampliado pelo Teatro Oficina de José Celso Martinez Corrêa e Renato Borghi. Contudo, dado o apelo popular e midiático, foi com a música que se cristalizou a "energia, energia" coletiva da Tropicália. Quase todos se falavam e se frequentavam, trocavam ideias e, às vezes, farpas também — os já citados e outros, como Rogério Duarte ou Waly Salomão, por exemplo. Lygia Clark, a artista plástica, chegou a cunhar a expressão "HéliCaetaGério",[88] a fim de aclarar o sentido de "equipe" formado por Hélio, Caetano e Rogério Duarte. Não se trata, aqui, de simplesmente apontar como a instalação *Tropicália*, de Hélio, o filme *Terra em transe*, de Glauber, ou a montagem da peça *O rei da vela*, de Zé Celso — todas obras de 1967 —, influenciaram esteticamente as músicas tropicalistas, mas de ressaltar que, pessoalmente, todos estavam interagindo e, por vezes, trabalhando juntos. O que Hélio chamara de "estado da arte brasileira de vanguarda"[89] expressava essa agitação cultural convergente. Não era somente uma opção individual.

Havia um "estado" coletivo de vanguarda na cultura brasileira, mas ainda apenas genérico. Foi só com a surpreendente entrada, em meados dos anos 1960, dos jovens do "grupo baiano" que esse estado engendrou um movimento musical definido. No Brasil dominado culturalmente pelo que ocorria no

Rio de Janeiro e em São Paulo, apenas depois de 1964 músicos como Caetano — mas sobretudo sua irmã, Maria Bethânia — ou Gil, Gal e Tom Zé se tornariam conhecidos, embora ainda timidamente. Eles tinham saído da Bahia, chegado ao Sudeste e aos poucos participavam dos meios artísticos urbanos e midiáticos (vale sublinhar que, sob este aspecto, a vanguarda tropicalista, diferentemente dos modernistas dos anos 1920, era constituída por artistas mais pobres e deslocados do centro cultural do país: se Oswald de Andrade fazia parte da elite paulista, Caetano vinha da classe média de Santo Amaro). O grupo baiano era portanto uma novidade, ao contrário de Hélio Oiticica e do Neoconcretismo, de Glauber Rocha e do Cinema Novo ou de Zé Celso e do seu Teatro Oficina, que, assim como Augusto de Campos, Haroldo de Campos e Décio Pignatari na Poesia Concreta, circulavam desde os anos 1950.

Os futuros tropicalistas fizeram alianças com todas essas movimentações culturais que os precederam. Com Hélio aprenderam a violenta crítica marginal, com Glauber desmistificaram o populismo, com Zé Celso descobriram a força da antropofagia de Oswald de Andrade, com Augusto de Campos assimilaram a nova cultura urbana massificada. Neste último caso, o encontro foi decisivo. Os poetas de vanguarda do Concretismo eram também críticos, e de pronto reconheceram que a música dos baianos era a mais contemporânea daquele momento histórico. Isso a tal ponto que Augusto de Campos chegaria a dizer que os poetas concretos estavam fazendo uma "tropicaliança" com o grupo de baianos, motivada por uma "comunidade de interesses", já que, explicava, "eles estão praticando no largo campo do consumo uma luta análoga à que travam os concretos", a saber, a luta "em prol de uma arte brasileira de invenção".[90] Não por acaso, várias canções de Caetano trazem justaposição direta de sonoridades e as músicas dos Mutantes têm aliterações e paronomásias, todos métodos da poesia concreta paulista que eram deslocados da esfera da produção para a do consumo da música popular. No caso de *Tropicália ou Panis et circencis*, a canção "Bat macumba" é o mais claro exemplo da incorporação da poesia concreta em uma letra: uma única expressão é explorada ao máximo, revelando sua multiplicidade significante — Batman e macumba — numa composição formal rigorosa no texto e na imagem que ele desenha na página.

"O que antes parecia privilégio de artistas plásticos e poetas, de cineastas e teatrólogos", afirmava Hélio, "tomou corpo de modo firme no campo da música popular com o grupo baiano". Era 1968, a ditadura endurecia. "Hoje assume uma dramaticidade incrível a luta desses artistas contra a repressão geral brasileira", que não seria "só da censura ditatorial, mas também da *intelligentsia*".[91] Como a música era popular, o grupo baiano sobrepôs-se na cultura às artes plásticas, ao teatro e mesmo ao cinema. Opunha-se, por sua vez, à censura oficial da ditadura e àquela outra, não oficial, de parte da intelectualidade nacional que gostaria de controlar o modo certo de se fazer crítica. Com a exceção de Maria Bethânia, cujo zelo com sua própria individualidade artística manteve uma distância da integração do grupo, os outros músicos se aproximariam cada vez mais. O primeiro disco de Caetano foi junto com Gal: *Domingo*, de 1967. No mesmo ano, os Mutantes tocaram "Domingo no parque" com Gil e, em 1968, escoltaram Caetano na performance de "É proibido proibir". O grupo baiano, mesmo que se envolvesse nas movimentações culturais prévias a seu aparecimento, fomentava aos poucos um espaço próprio: porque se expressava na forma particular de arte que é a canção popular, dotada de força ímpar na sociedade brasileira da época.

Misturava-se, nesse processo, muito de espontaneidade mas também uma grande dose de planejamento. Laços de amizade garantiam a socialização entre todos em festas, bares, apartamentos, shows. Por outro lado, um sentido objetivo de manifestação artística se impunha. Gil fez reuniões aplicadas. Caetano contou, nas memórias de *Verdade tropical*, que Gil teria exigido "uma adesão irrecusável a um programa de ação" e que o grupo não podia "seguir na defensiva". Era 1966, e brotava a autoconsciência do movimento. "Ele queria que fizéssemos reuniões com todos os nossos bem-intencionados colegas para engajá-los num movimento que desencadearia as verdadeiras forças revolucionárias da música brasileira", o que implicava a superação dos "slogans ideológicos das canções de protesto, dos encadeamentos elegantes de acordes alterados, e do nacionalismo estreito".[92] O empenho subversivo estava claro e se referia tanto à ditadura política quanto ao conservadorismo musical. Para se cumprir, dependia da organização concreta de um movimento. "É claro que eu não me via realizando essa aventura poética em meu próprio nome", recordou ainda Caetano, "o senso de grupo que eu tinha era imensamente forte".[93] Romântico, o movimento que se esboçava era tão jovem quanto coletivo, e não apenas um projeto individual deste ou daquele artista.

Nada disso significa, evidentemente, que vaidades ou pretensões pessoais estivessem ausentes. Significa apenas que elas, naquele momento, dirigiam-se para o mesmo fim e que estavam pautadas por interesses comuns. Tanto assim que, se de um lado era planejada "uma ação necessária para regenerar o tecido da MPB", conforme apontou Caetano, por outro havia uma "estratégia de lançamento definitivo do grupo baiano", exigindo um "movimento de ruptura" para mudar os "critérios de gosto então vigentes".[94] Por se ajudarem uns aos outros, inclusive em suas carreiras, os baianos receberam a alcunha de "báfia", em um trocadilho com máfia. Isso tampouco diminuía, contudo, o sentido de "missão" que parecia tomar especialmente Caetano e Gil, antes ainda que achassem para esse movimento que se engendrava o nome de Tropicalismo. Sua busca do novo na música brasileira permaneceria, até 1968, sem uma palavra definitiva que a designasse, embora as ações e intervenções já estivessem em marcha: no rádio, na televisão, nos discos, nos jornais. Não apenas os futuros tropicalistas passaram a ser notícia, como, em alguns casos, tinham até seus próprios representantes na mídia, como Torquato Neto, que manteve uma coluna no *Jornal dos Sports*, na qual constantemente refletia sobre o movimento e também lhe servia de porta-voz.

Por mais que em 1967 já estivesse em pleno curso a revolução do grupo baiano, atestada pelas apresentações de "Alegria, alegria" e "Domingo no parque" por Caetano e Gil no III Festival da Música Popular da TV Record, faltava um nome que reunisse os seus protagonistas. Inicialmente, a canção de Caetano, "Tropicália", passou a servir como uma metonímia do movimento. Parte pelo todo, seu nome começou a valer para identificar muitos artistas que se afinavam com ela, talvez por já ter sido título da instalação de Hélio Oiticica no MAM, ou seja, possuía uma vocação aglutinadora. Logo, Tropicália seria substituída por Tropicalismo: a ideia surgira despretensiosamente no restaurante Alpino, na Zona Sul do Rio, durante um jantar com diretores do Cinema Novo, o que reflete o contato do novo grupo baiano com outros já em atuação na cultura brasileira. Lá estava também Nelson Motta, que divulgaria a ideia no jornal *Última Hora*.

Curiosamente, a alcunha foi mal recebida por boa parte daqueles que ela deveria envolver. Caetano foi reticente[95] e Gil ficou desconfiado.[96] Hélio foi quem atacou diretamente.[97] Torquato adotou tom cético, apostando que essa moda não pegaria.[98] Só que pegou. Rapidamente, jornais como o *Correio da Manhã* e a *Tribuna da Imprensa* adotaram o rótulo Tropicalismo em suas matérias, já em fevereiro de 1968. Emissoras de televisão e rádio fizeram o mesmo. Enxergavam não só o potencial cultural, mas também mercadológico, do que aparecia como movimento estético e produto vendável. Esta última característica era incômoda para alguns artistas, particularmente para Hélio, que percebia uma diluição da subversão que suas obras propunham na sociedade. O próprio Nelson Motta, que em 5 de fevereiro lançara a "cruzada tropicalista", na sua coluna de 3 de maio já revia criticamente as ações desencadeadas desde então, às vezes reduzidas a lucrativos produtos de consumo.[99] Essas ressalvas, contudo, eram sintomas da consciente e arriscada aproximação que o Tropicalismo fazia do pão e do circo modernos, a indústria cultural do entretenimento: *Panis et circencis*. Entretanto, assim como nenhum de nós escolhe como será chamado pois são os outros que nos nomeiam, também com esses artistas foi assim. Malgrado sua vontade, Tropicalismo ficou.

Os debates acalorados em torno dos termos Tropicália e Tropicalismo, ao fim, revelavam a transformação incontornável que os baianos estavam impondo à música popular brasileira e à cultura do país. Rapidamente, a gravadora Philips percebeu a conjuntura favorável e acelerou o projeto de gravar um disco no qual estariam os expoentes do movimento de sucesso.[100] Era o embrião de *Tropicália ou Panis et circencis*. Caetano e Gil até que tentaram dominar a nomenclatura pela qual suas canções seriam conhecidas. Queriam chamá-las de "som universal" ou "som livre". Em vão. Tropicalismo estava consagrado. Os músicos provavelmente foram os primeiros que acabaram acolhendo a identificação tropicalista para si e também os que até hoje são de fato assimilados a ela. Serviram-se da moda, sem ainda saberem que ela viraria história, perdurando para além daquele momento. O empresário Guilherme Araújo foi hábil ao dirigir a trajetória de todo o grupo. Na proa do processo, estava Caetano. "Eu organizo o movimento", anunciara na canção "Tropicália". Ligado a Gil, Caetano passaria pelo Rio e então iria para São Paulo nessa cruzada tropicalista, onde organizaria melhor as ações do movimento. O coração baiano, a criação carioca e o trabalho paulista, eis o périplo do movimento até a gravação de *Tropicália ou Panis et circencis*.

Romanticamente, a vanguarda tropicalista encontrava algo assim como o Friedrich Schlegel e o Novalis brasileiros. Eram Caetano e Gil: um mais cerebral e outro mais intuitivo, um mais reflexivo e outro mais tecnicamente talentoso, um vocacionado para a articulação de liderança e outro para a essência musical. Nos dois casos, o alemão e o brasileiro, parece que sem o encontro entre os amigos a obra de ambos sairia perdendo. "Seu espírito era o que me estava mais próximo nessas imagens de verdade incompreendida", escreveria Schlegel a Novalis, para completar que, "em vez de todos os outros, é a você que chamo".[101] Esse chamado parece aquele que Caetano guardava dentro de si quando, ao ver Gil na televisão no começo da década de 1960 em Salvador, encantou-se com sua "musicalidade exuberante, sua afinação, seu ritmo" e esperava, "com o coração batendo", encontrá-lo ao vivo pela cidade. "Eu sentia alegria por Gil existir",[102] declara. Essa parceria esteve na origem do Tropicalismo e se estendeu até hoje em suas vidas. "Não houve nada de relevante que não fosse primeiro arriscado misteriosamente por ele para, depois de um tempo de elaboração", admitia o próprio Caetano, "ser transformado por mim em algo mais perceptivelmente coerente".[103]

Se de um lado Caetano enxergava a genialidade sonora de Gil, do outro Gil percebia o dom do verbo de Caetano. "Se ele diz, talvez com certa razão, que sem mim não teria ido para a música, a música tocada, eu diria que sem ele não teria ido para a palavra cantada como fui",[104] assumiu Gil. Reconhecimento estendido à função de Caetano na estratégia artística tropicalista para desenvolver a música popular brasileira além das suas manifestações conhecidas até então na Bossa Nova, na canção de protesto ou na Jovem Guarda. "Caetano é a coisa fundamental nessa discussão toda", dizia Gil, "a peça fundamental nessa retomada".[105] Isso daria ao autor de "Tropicália" o papel de líder do movimento que tinha agora nome, corpo e integrantes para cumprir a tarefa de renovar o tecido da canção popular.

Nessa tarefa, foi essencial a participação dos compositores eruditos do círculo Música Nova, como Júlio Medaglia, Damiano Cozzella e Rogério Duprat, este responsável pelos arranjos de *Tropicália ou Panis et circencis*. Como os baianos, o Música Nova também estava descontente com a institucionalização da música, só que clássica. Em seu manifesto de 1963, assumia um "compromisso total com o mundo contemporâneo" e o "levantamento do passado musical à base dos novos conhecimentos do homem", citando até mesmo os avanços nas telecomunicações.[106] Buscava o contato com a canção popular inclusive para vitalizar a música erudita.

Mesmo com todo esse talento envolvido no movimento tropicalista desde 1967, faltava ainda, entretanto, uma obra que, sozinha, congregasse a poesia de Caetano, a musicalidade de Gil, a interpretação de Gal, o rock dos Mutantes, o engajamento de Capinan, a crítica de Torquato, a ironia de Tom Zé, a inteligência de Nara e a erudição de Rogério Duprat. Para além das parcerias aqui e ali ou das ações agregadas, o sentido coletivo do movimento de vanguarda carecia de um trabalho conjunto. "Eu estava sugerindo até, ontem, conversando com Gil, a ideia de um disco-manifesto, feito agora pela gente", confessava Torquato a Augusto de Campos, "porque até aqui toda a nossa relação de trabalho, apesar de estarmos há bastante tempo juntos, nasceu mais de uma relação de amizade".[107] Gil endossaria a sugestão do amigo. Mais ainda: diria que se tratava de "assumir essa responsabilidade".[108] O resultado foi o álbum *Tropicália ou Panis et circencis*, graças à atuação aglutinadora de Caetano. O disco coroava o processo coletivo de criação do Tropicalismo. Era uma obra experimental com múltiplos autores. Não era só de Caetano, de Gil ou qualquer membro do grupo. Seu autor não é uma só pessoa ou subjetividade empírica. Seu autor é coletivo. É o Tropicalismo.

O disco apresenta assim uma unidade que, entretanto, é estranha. Os vários autores perfazem, como fragmentos de um todo em aberto, esta obra única. Diversas perspectivas articulam-se, nem sempre por semelhança. Há faixas que apontam direções poéticas e mesmo visões de mundo diferentes umas das outras. Se a canção "Tropicália" — que não integra o disco, gravada por Caetano para um álbum anterior — já anunciava que emitia acordes dissonantes, então *Tropicália ou Panis et circencis* efetivava esse princípio, em cada canção mas também metaforicamente no todo, através de sua realização coletiva. Não se tratava de consonância ou de assonância, mas de dissonância. Os acordes não concordam. Cada música é um fragmento, com diferentes autorias e mesmo interpretações. O lirismo de "Baby", de Caetano, convive lado a lado com um épico: "Parque industrial", de Tom Zé. O caráter moderno de ambas não apaga a memória colonial de "Três caravelas", de A. Algueró e G. Moreau em versão de João de Barro, ou a dimensão arcaica do clássico "Coração materno", de Vicente Celestino. O Brasil está em cada nota, mas não encontra qualquer síntese totalizante no conjunto do disco. Há uma fragmentação alegórica: entre os músicos, entre as músicas. Estas, contudo, emendam-se diretamente umas nas outras, forjando assim uma espécie de mosaico: no conjunto, tudo ganha uma força alegórica, única.

Nesse sentido, a estrutura de *Tropicália ou Panis et circencis* encaixava-se na tradição moderna de criação coletiva para a qual o grupo romântico alemão dera o exemplo decisivo. Em 1800, no ensaio *Conversa sobre a poesia*, Friedrich Schlegel criou um diálogo ficcional entre os integrantes do grupo, cada um com um nome inventado, e seu objetivo era expor a "variedade de abordagens", compondo uma obra plural que deveria "apresentar em oposição pontos de vista completamente diferentes".[109] Há textos dos primeiros românticos publicados na revista *Athenäum* sem ter sequer assinatura individual. Do mesmo modo, o álbum tropicalista de 1968 apresenta várias perspectivas combinadas nem sempre por concordância e harmonia, mas por tensão e oposição. Se um fragmento da revista romântica *Athenäum* não tinha o compromisso lógico de concluir o outro, uma música tropicalista podia também opor-se a outra e extrair sua força poética dessa contradição aberta.

Nos dois casos, tal procedimento tornou-se viável pelo convívio amigável de artistas, o que fomentava a troca e o embate de ideias. Foi o que os românticos chamaram de "simpoesia", pois o prefixo "sim" significava "mesmo", poetizar junto. "Uma época inteiramente nova das artes", diziam os pensadores românticos, "começaria talvez quando sinfilosofia e simpoesia tivessem se tornado tão universais e interiores, que já não seria nada raro se algumas naturezas que se complementam reciprocamente constituíssem obras em conjunto".[110] O disco tropicalista é um raro exemplo dessa época com a qual os românticos sonharam. Manter a simpoesia, contudo, é difícil. Romantismo alemão e Tropicalismo brasileiro duraram pouco. Sua criação coletiva foi inferior a três anos: 1799 a 1801 e 1967 a 1969. Gil diria, mais tarde, que, no caso de seu movimento, foi tudo muito efêmero. "Chegou, passou", depõe, "foi mais um cometa do que um planeta".[111] O rastro deixado por esse cometa não foi de revistas, como era frequente em vanguardas de poesia ou artes plásticas, que precisavam delas para ganhar maior circulação cultural. No caso tropicalista, por se tratar já de canção popular com grande penetração social, bastou o rastro do disco coletivo *Tropicália ou Panis et circencis*.

2. Linha evolutiva na canção popular

Não é segredo que a palavra "vanguarda" possui origem no vocabulário militar. Designa as tropas que, no combate, vão à frente, abrem caminho, tomam o lugar avançado no terreno. O espaço, porém, devia ser depois ocupado pelos que vêm em seguida, ou seja, a vanguarda diz respeito ao tempo. No âmbito da cultura e da arte, designa, por analogia, quem se arrisca no movimento da história. Por isso, desde o Romantismo até o Tropicalismo, há o embate com a tradição que se pretende eterna, imóvel e intocada. Nada contra o passado clássico grego ou o passado da música popular brasileira. Tudo contra a tradição que os paralisa, como se a arte devesse permanecer sempre a mesma, a salvo de mudanças em sua história.

Se as vanguardas foram polêmicas, deve-se à sua briga contra a concepção tradicional de que a arte deveria continuar sempre idêntica a si mesma. Friedrich Schlegel afirmava que os antigos "não possuem o monopólio da poesia".[112] Nem o samba possui o monopólio da música, diriam os tropicalistas. Note-se que não há aqui um ataque aos antigos, e sim uma crítica à exclusividade que a tradição concedia à sua cultura, ou seja, ao monopólio daquela forma de se fazer arte sobre as que surgissem depois. Noutro fragmento, Schlegel afirmou que "jamais se deveria evocar o espírito da antiguidade como uma autoridade".[113] Novamente: pode-se evocar a arte anterior, e o próprio Romantismo o fez, porém não como autoridade absoluta. Nesse sentido, o samba também seria pensado pelo Tropicalismo, mas não para repeti-lo. O direito de existência de uma arte nova é o que estaria em jogo no desenrolar da história.

Eis por que Friedrich Schlegel, no seu mais famoso fragmento, escreve que "a poesia romântica é universal progressiva", esclarecendo que "o gênero poético romântico está em devir; sua verdadeira essência é mesmo a de que só pode vir a ser, jamais ser de maneira perfeita e acabada".[114] Nessas últimas palavras, é claro que a ideia de progresso defendida é livre de teleologia, ou seja, não há qualquer *telos* — objetivo final previamente dado — a ser alcançado na história da arte. Não há uma hierarquia pela qual o que vem depois é melhor do que o que veio antes. Progredir significa só que o depois é diferente do antes, ou seja, que se criou algo novo. O progresso quer dizer movimento, ao invés de estagnação. Tanto que a arte romântica só pode vir a ser, continuar progredindo, mas nunca acabar esse devir progressivo no futuro. Ela jamais alcança perfeição e acabamento.

Essa defesa da poesia universal progressiva no Romantismo está — para a história da estética moderna — na origem da tese que Caetano exporia em 1966, e que definiria, mais tarde, o sentido geral do Tropicalismo: de que era necessária a "retomada da linha evolutiva" da música popular brasileira[115] (independentemente do conhecimento que ele tinha ou não do fragmento do Romantismo). Tratava-se de permitir a renovação musical no Brasil. O significado da palavra evolução é igual àquele de "progresso" no Romantismo. Sem qualquer teleologia, apenas a ideia de movimento na história é que contava para Caetano, a fim de garantir que a música popular brasileira pudesse ser posta em um devir. Contra a manutenção tradicional do samba idêntico ao que sempre foi, havia, por exemplo, a atuação de Paulinho da Viola, que gostaria de incluir contrabaixo ou bateria nos seus discos.

Se Caetano não propunha, porém, criar a linha evolutiva da música popular brasileira mas retomá-la, falta saber de onde. O marco era João Gilberto, pois era "o momento em que isto aconteceu: a informação da modernidade musical usada na recriação, na renovação, no *dar um passo à frente* da música popular".[116] Com a Bossa Nova, nos anos 1950, explicitava-se que a tradição estava em devir, que a partir do samba era possível criar algo diferente dele. Nada disso significa que a Bossa Nova e o Tropicalismo seriam os pontos finais da história ou que seriam superiores ao samba, mas que a capacidade de ir para além dele efetivava o espírito modernista da arte, na medida em que a colocava em movimento.

Tanto é assim que o notável da Bossa Nova era ela ser nova, satisfazendo um anseio vanguardista, enquanto parte da música popular brasileira gostaria sobretudo de continuar *na* tradição, em vez de continuar *a* tradição. Gil também defendia essa evolução e o destaque, nela, para João Gilberto, pela integração da informação internacional na música nacional. Gil, contudo, o situa ao lado de Luiz Gonzaga, na medida em que este faria com o baião operação análoga ao que João fizera com o samba, ou seja, de desdobramento. Conforme apontou Antonio Cícero, ao falar sobre "O Tropicalismo e a MPB", essa comparação é importante pois demonstra que, a rigor, poderiam existir diversas linhas evolutivas da música popular, e não só uma.[117] Sendo assim, a história que vai do samba ao Tropicalismo, passando pela Bossa Nova, só demonstra uma de muitas evoluções possíveis da música popular brasileira.

Foi de um cineasta, e não de um músico, que veio a síntese precisa do que estava em causa na relação de aproveitamento produtivo do Tropicalismo com a tradição. "É preciso esclarecer, contra os precipitados, que o que existe em nossa música antes de 'Tropicália' tem grande valor, e que Caetano é uma consequência histórica de uma evolução desta mesma música, de Tom, de João Gilberto", dizia Glauber Rocha em 1968, "o que faz de Caetano uma consequência revolucionária é que tanto ele como Gil repensaram a tradição desta música".[118] Eis a descrição sucinta do sentido que tinha a linha evolutiva da música popular brasileira que o Tropicalismo buscava, por isso mesmo, retomar, em vez de criar. "Caetano e Gil não se opõem ao samba, antes o cultuam", afirmava Glauber, mas "não poderiam, inquietos como são, conformar-se a uma linguagem estabelecida", sendo por isso que "recusaram diluir os clássicos do samba ou os mestres da Bossa Nova".[119]

Fica clara, aqui, a natureza da relação dos tropicalistas com a tradição que os antecede: é uma relação de amor que honra o que é amado, mostrando que é dali que surge algo novo. O samba se mostra potente quando, além do que as canções do início do século XX já mostravam, impulsiona um estilo musical diferente de si na segunda metade do século. Vale dizer que, analogamente, a Bossa Nova se mostra vigorosa quando, em vez de ter diluídos seus clássicos consagrados, suscita a criação de outros novos: por isso os tropicalistas não a emularam. Criaram a sua própria música a partir dela.

No Romantismo, já se concluíra que "os gêneros poéticos estão prontos e agora podem ser completamente dissecados".[120] Friedrich Schlegel tinha na mira a divisão tradicional da poesia em lírica, épica e dramática. Imaginava que, com a evolução histórica, a validade dessa divisão ficara para trás, podendo a partir daí haver uma combinação entre elas. Ora, o mesmo preceito se aplicaria, segundo o Tropicalismo, a gêneros musicais como o samba. Não se tratava de preservá-los em sua pureza, mas de dissecá-los e aproveitá-los, dando um "passo à frente" no progresso musical. Gil chegaria a afirmar que, enquanto "o que é considerado como material básico para a música popular é o lírico", o Tropicalismo "pretende, hoje, incluir uma linguagem mais cruel, mais realista em relação ao homem".[121] O princípio romântico de que, "em sua rigorosa pureza, todos os gêneros poéticos clássicos são agora ridículos"[122] era endossado. Impuros, e não isolados, aí, sim, os gêneros deveriam ser trabalhados, na sua mistura. Era o que Gil admirava no uso do gênero do bolero feito pela bossa de João Gilberto em *Oba-lá-lá*.[123]

Diversos comentadores averiguaram essa alternância tropicalista entre os gêneros. Santuza Cambraia Naves, por exemplo, anotou, com toda a razão, que em "Tropicália" "a orquestração e os arranjos acompanham fielmente o espírito da canção, oscilando do épico à batucada trivial do samba".[124] Isso dentro de uma só música. No caso de *Tropicália ou Panis et circencis*, como se disse, há tanto o lírico em "Baby", na voz de Gal, quanto o épico em "Parque industrial", composto por Tom Zé. O Tropicalismo parecia seguir a tese romântica de que "todas as correntes da poesia deságuam juntas no grande oceano universal".[125] Na música brasileira do século XX, a Bossa Nova tomara para si não só o samba, mas o jazz norte-americano, especialmente o da Costa Oeste: Stan Getz, Chet Baker, Gerry Mulligan. Os tropicalistas queriam seguir este exemplo, só que com o rock: Beatles, Rolling Stones ou Jimi Hendrix. O estilo resultante era muito diferente, mas o gesto cosmopolita era o mesmo: uma antropofagia de gêneros musicais.

Na crítica musical, José Ramos Tinhorão notabilizou-se como o principal inimigo da tendência bossa-novista e tropicalista que se apropriava da cultura de fora ao procurar a evolução da música brasileira. Divergia do sentido universal e progressivo da canção nacional. Os ataques eram em nome de uma abordagem social, acusando a Bossa Nova de elitismo por sua origem na Zona Sul carioca de classe média e culpando o Tropicalismo por cumplicidade ignorante com um projeto ditatorial de atualização tecnológica. Os argumentos enfeixados, contudo, eram esteticamente conservadores. Opunham a Bossa Nova ao "povo, tranquilo na sua permanente *unidade cultural*, estabelecida pelo analfabetismo, e *social*, determinada pela pobreza e falta de perspectiva de ascensão", que então "continuava a criar e cantar alegremente os seus sambas de carnaval, malhando no bumbo em seu vigoroso compasso 2/4".[126] Digladiavam-se dois valores: a permanência unitária de Tinhorão e a evolução fragmentada do Tropicalismo. O povo servia como categoria sociológica caução para atacar novos movimentos musicais. O posicionamento de Tinhorão era, na palavra achada por Christopher Dunn, "estagnado". Lamentava "o fluxo contínuo da cultura de massa consumida pela classe média",[127] insinuando até o elogio da pobreza analfabeta por garantir uma unidade estética da música popular tradicional em sua alegria autêntica e enraizada, como ironizou Caetano ainda em 1965.[128]

Nesse caso, Tinhorão provavelmente abrigava sua condenação ao elitismo da Bossa Nova e ao viés comercial do Tropicalismo em uma alta tradição da crítica musical do Brasil, originada no Modernismo de Mário de Andrade. Embora vanguardista de primeira hora no país, o poeta e crítico deu preferência, em suas avaliações, ao folclore tradicional da música popular face à produção urbana misturada a uma nascente indústria cultural. "Trata-se exatamente de uma submúsica, carne para alimento de rádios e discos, elementos de namoro e interesse comercial, com que fábricas, empresas e cantores se sustentam",[129] acusou Mário na década de 1930 a respeito das canções carnavalescas cariocas. É possível sopesar se esse diagnóstico era peremptório, como apontou Juliana Pérez Gonzáles,[130] mas mesmo assim o feitio valorativo geral permanece idêntico, como aferiu José Miguel Wisnik.[131] O gosto de Mário pendia para o folclore rural, e não para a sonoridade urbana no Brasil. E preferia a música clássica internacional ao vanguardismo na Europa. Pensava em Villa-Lobos, não tanto em Pixinguinha. Nisso, seus critérios de valoração musical, se aplicados aos anos 1950 e 1960, talvez censurassem o Tropicalismo, como fez Tinhorão, na medida em que o movimento abraçava o mercado e a cidade, além de incorporar experiências eruditas de vanguarda da época.

Os tropicalistas queriam uma poesia universal e progressiva. Por isso, seu acordo entre música popular e erudita difere de outros feitos anteriormente na tradição brasileira. No Modernismo, Villa-Lobos aproveitava o conteúdo nacional na forma clássica das suas composições. Na Bossa Nova, Tom Jobim explorava o conhecimento clássico nas canções populares. Só no Tropicalismo houve um "contato integrativo", como denominou Augusto de Campos, o que ocorreu graças ao encontro com o grupo Música Nova que "surgiu quase que por imposição das propostas de cada um, na medida em que estas se identificam num campo comum, que repudia a música institucionalizada".[132] Também buscando a evolução da música, só que erudita, o Música Nova aproveitava as experiências de Schönberg, Webern e Cage. Eram de vanguarda, o que permitiu o acordo estético com os tropicalistas. Rogério Duprat elaborou os arranjos para *Tropicália ou Panis et circencis*. "Ele quer desenvolver a música erudita, ele não quer sujeitá-la a um sentido acadêmico", assegurava Gil, concluindo que "foi um trabalho feito realmente em conjunto."[133]

Essa conjugação entre o popular e o erudito vinha também da apreciação que os tropicalistas fizeram do rock inglês dos Beatles, sobretudo pelo álbum *Sgt. Pepper's Lonely Hearts Club Band*, de 1967. Os Beatles "procuraram colocar tudo no mesmo nível", analisava Gil, "o primitivismo dos ritmos latino-americanos ou africanos em relação ao grande desenvolvimento musical de um Beethoven, por exemplo".[134] Talvez nenhum conceito de disco aproxime-se tanto daquilo que se buscaria, um ano mais tarde, com *Tropicália ou Panis et circencis*. Isso explica que a audição soe muitas vezes uma mistura de MPB com rock. Não por acaso, o rock brasileiro do iê-iê-iê da Jovem Guarda era também parte da "geleia geral" que os tropicalistas preparavam, com especial carinho pela voz de Roberto Carlos, cujo canto, para eles, não deixava de reproduzir uma delicadeza aprendida na escola da Bossa Nova. Repare-se que o elogio aos Beatles e a João Gilberto não se apoia em uma *tabula rasa* da novidade que eles trariam, mas sim no progresso que eles representariam na história da música popular, aproveitando dados anteriores e exteriores para fazê-la avançar. Por isso, os tropicalistas falavam tanto usando o prefixo "re": retomar, refazer, renovar. Importava o movimento, e sem prejuízo a outros caminhos abertos na canção pois, conforme alertava Torquato, "ninguém pretende uma uniformização da música popular brasileira".[135]

Isso explica melhor a natureza da autoconsciência histórica de vanguarda do Tropicalismo. Por um lado, tratava-se de romper com a tradição que se queria imutável da música popular brasileira. Por outro, tratava-se de resgatar essa música e sua história em uma renovação contemporânea. O Tropicalismo queria levar a tradição adiante, para além do que estava dado, em vez de se repetir em seu interior. *Domingo*, o disco de estreia de Gal e Caetano lançado no começo de 1967, ainda soa, nesse sentido, tímido: muito bossa-novista, embora belo. Interessava mais — empregando um termo de Torquato, Caetano e Gil — "atualizar" a tradição, inclusive a da Bossa Nova.[136] Em *Tropicália ou Panis et circencis*, essa atualização já está feita. Não se tratava de superar a tradição, mas de atualizá-la pela via da internacionalização. Mesmo porque, nada nas obras antigas seria, em si mesmo, reprovável. Não há desqualificação de características intrínsecas da arte do passado, que era, ao contrário, admirada. Só que o objetivo era modernizá-la (a operação era similar à que propunha desde os anos 1920 o Modernismo brasileiro que, segundo Eduardo Jardim,[137] procurava no seu sentido geral a renovação, e não a suplantação, do passado artístico — a despeito daquelas críticas musicais de Mário de Andrade).

Torquato criticava pessoas que consideravam que "os bons compositores estão na obrigação de continuar compondo como se fazia há 50 anos".[138] Ele e os tropicalistas queriam fazer algo diverso, embora nada tivessem contra Edu Lobo e Chico Buarque, ambos fiéis a projetos poéticos menos polêmicos para a tradição da música popular brasileira. O Tropicalismo sentia as canções bossa-novistas como um desenvolvimento da "música moderna popular brasileira",[139] a ser continuado contra a sua repetição inócua. Se a poesia progressiva, universal e cosmopolita foi encontrada na própria Bossa Nova, era o caso de retomá-la, não de copiá-la. Eis o ponto de inflexão tropicalista. Caetano precisou demarcar na contracapa de seu álbum de estreia com estilo bossa-novista, *Domingo*, a distância que já o separava da sua gravação: "a minha inspiração não quer mais viver da nostalgia de tempos e lugares, ao contrário, quer incorporar essa saudade num projeto de futuro".

O estacionamento da linha evolutiva já tinha sido diagnosticado por Augusto de Campos em 1966, quando o arco da Bossa Nova até a Jovem Guarda de Roberto Carlos e Erasmo Carlos teria dado sinais de que seu "salto qualitativo" agora voltara ao chão.[140] Caetano oferecera o depoimento: "Aos poucos fui compreendendo que tudo aquilo que gerou a Bossa Nova terminou por ser uma coisa resguardada, por não ser mais uma coragem", confessa, para então criticar que "todos nós vivíamos numa espécie de Ipanema nacional".[141] Nada contra João Gilberto em si, mas suas canções, naquele instante, passavam por uma diluição do que ali havia de "sensacional". Caetano afirmava: "Comecei a me enfastiar com o resguardo em seriedade da Bossa Nova, o medo, a impotência, tendo tornado a Bossa Nova justamente o contrário do que era."[142] É a hora em que ele passa do resguardo à vanguarda, do medo à coragem. No final, os tropicalistas teriam de ultrapassar os limites do bom gosto comportado em que a docilidade da Bossa Nova acabara situada.

Era preciso fazer com a Bossa Nova o que ela fizera com o samba: dar um passo à frente. Nem o belo intimismo de Chico Buarque e Edu Lobo, tampouco o protesto engajado de Geraldo Vandré ou o rock divertido da Jovem Guarda eram esse passo (o que em nada lhes retira seus méritos próprios, que não vêm ao caso aqui). O Tropicalismo fez uma inflexão na linha de João Gilberto. Esteticamente, deixou para trás o bom gosto elegante em prol de um ímpeto barroco. Na "Geleia geral", há um "santo barroco baiano". Enquanto a Bossa Nova adota o "modelo de contenção", o Tropicalismo ostenta "efeitos grandiosos" e uma poética do "excesso", segundo as categorias de Santuza Cambraia Naves.[143] João Gilberto era a opção radical dentro da história musical brasileira pelo lema "menos é mais". Os tropicalistas, assim como os poetas concretos, entenderam a originalidade dessa opção e sua força particular. Constataram também, contudo, que essa força se diluíra historicamente entre os discípulos da Bossa Nova. Era hora de dar o tal passo à frente. "Os arranjos grandiosos de violinos e metais inaugurados por Radamés e Pixinguinha, o estilo operístico de Francisco Alves, o ufanismo de 'Aquarela do Brasil' ou as dores de cotovelo derramadas que datam dos anos 20 e atravessam os anos 40 e 50 no samba--canção"[144] tinham sido banidos do estilo musical da Bossa Nova e agora voltavam de modo distinto com o Tropicalismo.

Em *Tropicália ou Panis et circencis*, a gravação de "Coração materno", canção de Vicente Celestino, é o emblema vigoroso da inflexão de seus músicos diante de João Gilberto. Enquanto Celestino era a voz operística com estilo melodramático sentimental dos anos 1930, João Gilberto era a voz sussurrada com estilo sóbrio minimalista dos anos 1950. Um é derramamento emocional, o outro é contenção racional. O Tropicalismo procedia de João Gilberto. Recuperava, porém, Celestino. Na letra da música, é narrada a história de um camponês jovem que, para provar seu amor, pretende entregar o coração de sua própria mãe — a quem deve então assassinar — a uma mulher. "Partes já e pra mim vai buscar de sua mãe, inteiro, o coração", diz a mulher a ele. O camponês vai, correndo feito um raio na estrada. O empreendimento se concretiza com crueldade, "tombando a velhinha aos pés do altar", já que ela rezava no momento. Ele "tira do peito sangrando" o coração. Só que, ao retornar, tropeça, quebra a perna e deixa cair na terra o coração materno, o qual, por sua vez, pergunta dramaticamente se ele se machucou e pede, cheio de carinho: "Vem buscar-me, filho meu, vem buscar-me que ainda sou teu." Soma-se portanto ao estilo grandiloquente original de Celestino um conteúdo ainda mais exagerado da letra, que atinge as raias da loucura sublime.

Nada disso é Bossa Nova, que nas letras buscava uma simplicidade — com seus "beijinhos" e "carinhos", querendo "amar em paz, brigas nunca mais" — sem exaltações, e no canto descendia, na melhor das hipóteses, de um Orlando Silva e de um Mário Reis. Nunca de Vicente Celestino. Nesse sentido, é fundamental que não haja distanciamento irônico na gravação de "Coração materno", senão poderíamos explicar o seu aparecimento como a reiteração de sua condenação histórica pela sensibilidade bossa-novista. Caetano canta a sério a melodia que aprendera desde criança, bem como cada palavra que a acompanha. Não é uma paródia debochada. Os arranjos de Rogério Duprat, por sua vez, preservam a solenidade da música, com climas de suspense narrativo. O gesto era consciente. Tratava-se de voltar a um cantor esquecido e desprestigiado pelo gosto estabelecido na música popular brasileira da década de 1960, devido à supremacia agora já sem fricção estética da Bossa Nova. Vicente Celestino podia soar vulgar. Melhor ainda. Era o atentado ao bom gosto que estava em causa. Em outras palavras, a energia matriarcal de "Coração materno" representou a tomada de posição tropicalista por uma evolução que, para se cumprir, devia, ao mesmo tempo, revitalizar o que seu ponto mais alto até aqui, a Bossa Nova, tinha condenado e deixado para trás, como os cantores de rádio em sua cafonice.

O significado da filiação histórica do Tropicalismo à Bossa Nova, portanto, não era o de uma continuidade estilística estrita, mas sim o de uma recuperação da evolução ali experimentada. No mesmo ano de 1968, em que o disco *Tropicália ou Panis et circencis* veio ao mundo, Caetano cantaria na música "Saudosismo" que "chega de saudade", pois "a realidade é que aprendemos com João pra sempre a ser desafinados". Os versos homenageiam João Gilberto: é aquele que ensinou, é o mestre da canção "Chega de saudade". Só que agora chega também de ter saudade de João Gilberto. Reconhecê--lo exige compreender a necessidade de ir para a frente, e não de repetir. "Não me considero saudosista e não proponho uma volta àquele *momento* e sim uma retomada das melhores conquistas (mais profundas) desse *momento*", afirmava Caetano, tanto assim que "Maria Bethânia cantando 'Carcará' sugere essa retomada", mesmo através da estridência e do grito que poderiam parecer contradizê-la.[145] Nesse contexto, o reconhecimento da qualidade estridente que há no canto de Maria Bethânia possui o mesmo papel que a gravação de "Coração materno": afirmar que o gosto tropicalista alargava o estilo bossa-novista, embora para continuar a evolução que este último representava na música popular.

Mesmo as capas dos álbuns tropicalistas demonstram que a continuidade da evolução histórica da Bossa Nova comportava uma estética distinta. Compare-se a austeridade visual de *Chega de saudade* com a extravagância de *Tropicália ou Panis et circencis*. João Gilberto surgia, sob fundo neutro, vestindo suéter branco, queixo apoiado na mão em pose clássica; a fonte gráfica das letras era serena, assim como o intérprete. Já os tropicalistas aparecem emulando ironicamente uma foto oficial de família burguesa, com indumentárias performáticas: Gal e Torquato são um casal bem comportado; Duprat segura um penico em estilo dadaísta; Gil veste roupão longo com temas tropicais sentado no chão com um retrato de formatura de Capinan; Tom Zé carrega uma valise fingindo-se de retirante; os Mutantes, ao fundo, exibem suas guitarras eretas, com Rita Lee no meio; e Caetano apoia uma foto emoldurada de Nara sobre suas pernas. Os estímulos seguem na intensidade das cores, sobretudo o verde, o amarelo e o azul. É um turbilhão de informações visuais e referências: à capa de *Sgt. Pepper's Lonely Hearts Club Band*, à foto mais conhecida dos integrantes da Semana de Arte Moderna de 1922. Quem assina a capa é o artista plástico Rubens Gerchman — que pintara o quadro de onde originou-se "Lindoneia". Ele enquadrou graficamente a cena como fazia em suas obras da época, as Caixas de Morar.[146]

3. Manifesto crítico na sociedade

O classicismo da Bossa Nova dava lugar a uma explosão extrovertida mais romântica no Tropicalismo. Importava menos, agora, a obra bela que as obras interessantes, curiosas. Nas palavras de Caetano, a "seriedade" da Bossa Nova foi abandonada, em nome do uso de outras dicções, que incluíam o humor, a ironia, a sátira, a paródia, o pastiche. Ouça-se, para dar um só exemplo, "Três caravelas", e perceba-se o deboche com que é destilada a crítica dos tropicalistas à descoberta da América. O perfeccionismo moderno da Bossa Nova era contrabalançado pela contradição de tons mais realistas, épicos, dramáticos. Se fossem pintores, diríamos então que a paleta de cores aumentou. Historicamente, o abandono da seriedade era muito significativo, pois o seu oposto, a comédia, sempre foi considerado esteticamente inferior, um elemento da baixa cultura. Na filosofia grega, a superioridade da arte trágica é axiomática. Os tropicalistas aproximavam uma leveza engraçada vinda da cultura popular de uma sofisticação grave da poética nobre. Nisso, afrontavam a hierarquia de valores bem assentados na sociedade. O cineasta Glauber Rocha afirmou, assim, que *Tropicália ou Panis et circencis* é "espetáculo musical gravado, cinema e circo, teatro e comício, sem grã-finismos".[147]

Espetáculo, cinema, circo, teatro, comício. Os tropicalistas trouxeram para a música popular brasileira uma nova presença de palco, completamente distinta das apresentações da antecessora Bossa Nova. Enquanto João Gilberto expunha na vestimenta a mesma economia formal de suas canções, trajando uma camisa social ou terno e gravata, já Caetano com roupas de plástico ou Gil com túnicas africanas abusavam dos visuais em 1968. O banquinho e o violão denotavam o ascetismo despojado da Bossa Nova. Já danças e guitarras elétricas patenteavam a expansividade da Tropicália. Com a sua sagacidade, Hélio Oiticica percebeu a coerência tropicalista dessa nova ocupação dos palcos. Para além dos artifícios contingentes, aquela era uma "manifestação ambiental". Era "a necessidade de guitarras, amplificadores, conjunto e, principalmente, a roupagem", como os termos de Hélio bem explicavam, "que não são 'acessórios aplicados' sobre uma estrutura musical, mas fazem parte de uma linguagem complexa".[148] Linguagem esta que potencializava música e imagem, canção e corpo, voz e roupa. "No palco, a minha roupa faz parte do espetáculo",[149] esclarecia Gil.

Se a presença espetacular do Tropicalismo na cultura era tão diferente da discrição bossa-novista, ela se devia a três fatores. O primeiro era musical, pois a simples audição das novas canções era, por si só, mais extravagante e menos *cool*. O segundo era histórico, na medida em que derivava da admissão de que a modernização midiática tornara-se parte da realidade nacional, obrigando os músicos a participar ativamente da nova situação. O terceiro era cultural, já que decorria da conexão de vanguarda entre as diversas formas de arte. Enfim, o Tropicalismo necessitou, exatamente para corresponder às suas próprias exigências musicais, históricas e culturais, descobrir outras formas de apresentar as capas dos seus discos e a presença em seus shows. "Caetano trouxe para o palco da praça e para a praça do palco o próprio *corpo*", constatou Silviano Santiago, e foi assim que ele "deu o primeiro passo para ser o superastro por excelência das artes brasileiras".[150] Enquanto o corpo do cantor bossa-novista gostaria quase de desaparecer no espírito da canção, o que explica seu decoro nas vestimentas, o corpo do cantor tropicalista assume a sua presença mundana no palco, e daí advém o atrevimento de suas roupas. "Dizer que isso seja acessório à sua música, algo desnecessário imposto pelo comércio de ídolos, pelos meios de comunicação de massa, é pura má vontade de não querer ir ao fundo das coisas, explicando-as então de modo superficial",[151] sentenciava Hélio em setembro de 1968.

Das melodias às roupas, dos arranjos às capas dos discos, dos instrumentos aos shows, tudo no Tropicalismo era trabalho estético e posicionamento cultural, o que situava programaticamente a música em um contexto amplo no Brasil. Envolvia as outras formas de arte, como teatro, artes plásticas e cinema. Refletia criticamente sobre a canção e a formação do Brasil, fazendo da arte uma instância privilegiada do pensamento. Expunha-se aos problemas políticos da época, do país e da sociedade. Respectivamente, discutia mercado, governo e conservadorismo. Com o acirramento da ditadura, não havia mais "Lobo bobo", como o que Carlos Lyra e Ronaldo Bôscoli imaginaram na letra da canção interpretada singelamente por João Gilberto no disco *Chega de saudade*. Havia o medo de "Enquanto seu lobo não vem", música na qual um passeio amoroso tem que se esconder da vigilância, debaixo da rua.

Nesse cenário, entende-se a expectativa por ações coletivas de vanguarda. Já em 1966, Caetano considerava a urgência de "uma estruturação que possibilite o trabalho em conjunto, inter-relacionando as artes e os ramos intelectuais".[152] O resguardo individual tinha de ser superado. O Tropicalismo foi uma vanguarda estética na música popular — fato raro, se não único, no mundo — exposta ao enfrentamento político e social de sua época. O disco *Tropicália ou Panis et circencis* foi seu principal resultado.

Enquanto movimento de vanguarda, o Tropicalismo não escapou da sorte histórica de seus congêneres: chocar o seu público conservador com obras muito inovadoras. Esse choque era estético, mas tinha repercussão em toda a cultura. Vide a inclusão das guitarras elétricas no ambiente tradicional da música popular brasileira e a polêmica com isso suscitada. Os puristas da MPB não queriam. Elis Regina, Edu Lobo e Geraldo Vandré, entre outros, fizeram passeata sob o mote "defender o que é nosso", em meados de 1967, como se a guitarra fosse uma interferência que descaracterizaria a MPB. Diga-se de passagem que até Gil foi para a rua com eles, embora depois colocasse esse gesto na conta exclusiva de seu amor por Elis. De fora, Nara e Caetano percebiam o ranço autoritário. Mais tarde, Gil juntar-se-ia a eles, sendo um dos pioneiros no uso da guitarra e responsável pela participação do conjunto de rock dos Mutantes no Tropicalismo. Gil apresentou "Domingo no parque", no Festival da Record, acompanhado pela banda, em outubro de 1967, apenas três meses após a famigerada passeata. O público, que torcia o nariz, acabou conquistado pela docilidade potente de Caetano, que apresentava "Alegria, alegria" também acompanhado pelo polêmico instrumento. E as guitarras entraram na MPB.

Essa aceitação do vanguardismo estético, entretanto, teria vida curta. Em 1968, tudo no Brasil ficaria mais difícil: o cerceamento político da ditadura então no poder e a hostilidade estética do conservadorismo tradicional. É sintomático que, no ano anterior, a presença de um instrumento musical em shows ou discos tivesse se tornado o pomo da discórdia capaz de dar gás a uma manifestação nas ruas. Estética e política já se aproximavam. Não havia resguardo. Isso tornou-se ainda mais claro no ano seguinte, em 1968. Daí que o Tropicalismo tenha feito de várias de suas canções, discos e apresentações verdadeiros manifestos. Chegaram a chamar "Geleia geral" — letra de Torquato e interpretada em *Tropicália ou Panis et circencis* por Gil — de "canção-manifesto", do mesmo modo como o próprio disco coletivo havia sido tomado pelo grupo como um manifesto. Tratava-se, no endosso da lógica do manifesto, de uma junção dos três aspectos vanguardistas do Tropicalismo: a ação coletiva em movimento, pois se fala em nome do grupo, e não só de um indivíduo; a defesa das transformações na história da arte, inclusive pelo acolhimento de instrumentos modernos na MPB; e, finalmente, a crítica ao conservadorismo no enfrentamento do público. Pouco a pouco, os tropicalistas tornavam-se mais ferinos em suas atuações.

Nesse momento, a música tropicalista ganhava caráter explicitamente combativo e negador. Esse tipo de postura fez o filósofo Arthur Danto classificar esse momento no mundo, de 1828 a 1964, de "era dos manifestos". Se considerasse o Brasil, deveria estender essa fase até os anos 1970. Danto observou que os manifestos trouxeram "a filosofia ao centro da produção artística",[153] pois elaboravam conceitos estéticos para justificar obras criadas. Está certo até esse ponto — mas errado ao caracterizar o que são esses conceitos. Para o crítico, "um manifesto distingue a arte que ele justifica como sendo a arte verdadeira e única".[154] O furor dos manifestos pode eventualmente até passar tal impressão. Mas não é isso. O conceito estético que os orienta é o da liberdade. Historicamente, os manifestos não são ações, são reações. Reagem à ideia de que exista somente uma arte verdadeira. Os tropicalistas não criticam este ou aquele estilo musical, a não ser quando este ou aquele estilo musical alega ser o único artisticamente verdadeiro, geralmente tolhendo outros. Registre-se, aliás, que esse foi um dos motivos para que artistas do movimento preferissem o nome Tropicália ao que acabou consagrado, Tropicalismo. "Todo ismo é um programa extensivo, carregado de princípios e de normas, e toda ália", anotou o crítico Mário Chamie, "é um compósito cruzado de elementos díspares e heterogêneos".[155]

São os conservadores que, primeiro, policiam a arte nova. Só então é que as vanguardas escrevem manifestos e atacam os conservadores, para defender a liberdade de criação artística. Danto postula que manifestos são como autos de fé, "com a implicação adicional de que quem quer que não dê sua adesão deve ser esmagado, como herege".[156] Historicamente, foi justo o contrário. Os manifestos é que foram heréticos, escandalizaram o sistema de valores dados e conhecidos, infringiram as regras, em nome da liberdade. Os esmagados, inicialmente, eram os vanguardistas, que se ergueram de volta, através da força dos seus manifestos. Não por acaso, o historiador Peter Gay considerou o "fascínio da heresia" o ponto definidor do Modernismo.[157] Seus artistas procuraram destruir aquilo que não os deixava construir. Caetano resumiu a negatividade moderna dos manifestos em seu discurso no III Festival da Canção da Rede Globo. Diante do público enraivecido, berrou: "É proibido proibir." Como ele, manifestos dizem não ao não, ou seja, negam a negação para fazerem a sua afirmação, a sua criação.

Eu digo sim. Eu digo não ao não. Eu digo: é proibido proibir. (...) Mas é isso que é a juventude que diz que quer tomar o poder? (...) Vocês não estão entendendo nada, nada, nada, absolutamente nada. Eu hoje vim dizer aqui, que quem teve coragem de assumir a estrutura de festival (...) e fazê-la explodir foi Gilberto Gil e fui eu. (...) Vocês são iguais sabem a quem? São iguais sabem a quem? (...) Àqueles que foram na *Roda viva* e espancaram os atores! Vocês não diferem em nada deles. (...) O problema é o seguinte: vocês estão querendo policiar a música brasileira. Mas eu e Gil já abrimos o caminho. Eu vim aqui para acabar com isso! Eu quero dizer ao júri: me desclassifique. (...) Nós, eu e ele, tivemos coragem de entrar em todas as estruturas e sair de todas. E vocês? Se vocês forem... se vocês, em política, forem como são em estética, estamos feitos![158]

Como se sabe, as palavras de Caetano vieram após o público recebê-lo com vaias e lançar objetos no palco. O ataque veio primeiro das pessoas da plateia. Mal os Mutantes começaram a entoar sons para que tomates, ovos e pedaços de madeira fossem atirados no palco. Quanto o público foi movido por rejeição às ousadias estéticas ou por intolerância à crítica política da canção — de inspiração vinda de pichações feitas por estudantes em muros de Paris, mas que no Brasil ganhava um significado de protesto contra os abusos da ditadura — não se pode saber. Caetano vestia-se de forma provocativa. Rebolava seu corpo. No contexto, o refrão "é proibido proibir", originalmente direcionado para o regime militar autoritário em vigor no Brasil, ganhava novo e perturbador alvo. Voltava-se contra o público reacionário do festival que, desaprovando a música, agredia os músicos. Caetano os comparava ao Comando de Caça aos Comunistas, que espancara os atores da peça *Roda viva*.

O embate estava dado. Foi assim que Caetano improvisou esse seu impetuoso manifesto. Se até 1967 o Tropicalismo pôde conviver em certa paz com o público e a sociedade brasileira, já em 1968 a guerra se instalara. "O que provoca essa reação é justamente o caráter revolucionário implícito nas criações e nas posições do grupo baiano", diagnosticara Hélio Oiticica, pois "Caetano e Gil, e seus cupinchas, põem o dedo na ferida — não são apenas revolucionários esteticistas".[159] Historicamente, Hélio estava definindo a separação do Tropicalismo diante da Bossa Nova. O desafio, agora, era estético e, ao mesmo tempo, político, sem que isso significasse um engajamento como aquele didático, das canções de protesto. É que "a ausência de uma ideologia rígida, longe de ser algo reacionário, ou uma forma de liberalismo, liga-se mais a um processo anárquico que visa desintegrar estruturas ou anular o que se convencionou chamar como sendo o 'belo', o 'bom gosto', a 'moral', a 'obra acabada' de arte", concluía Hélio.[160] Esse espírito, típico das vanguardas, governou o manifesto vociferado por Caetano. O efeito foi entrelaçar o ataque à crítica institucional, personificada no júri do festival, e o ataque ao público, personificado na juventude agressiva ali presente. Em suma, o belo e bom clássicos, tanto a estética quanto a moral — que dogmaticamente pretendiam expulsar o Tropicalismo da cultura da época — estavam agora sob ataque.

No discurso de Caetano concentram-se as mais relevantes características da forma dos manifestos: há uma voz coletiva e não individual, gramaticalmente expressa na primeira pessoa do plural "nós", que no caso são ele e Gil; há a crítica negativa, sintetizada na fórmula "eu digo não ao não", diante de uma tradição que aplica regras à criação artística e que pretende "policiar a música brasileira"; há a divisão entre uma arte nova e juízos que, mesmo quando bem intencionados, são incapazes de decifrá-la, ou seja, um júri que, embora simpático, é incompetente; há um clamor de independência frente a tais juízos preconceituosos, a ponto de se pedir que eles desclassifiquem a arte apresentada, pois a desclassificação seria a derradeira confirmação da sua novidade; e há a acusação de conservadorismo estético nessa sociedade, transparecido em atitudes agressivas que, malgrado as intenções de seus autores, assemelhavam-se ao autoritarismo político ditatorial. O último ponto radicaliza o significado de vanguarda do Tropicalismo na cultura do país, pois o retira do registro somente artístico, onde se situava a Bossa Nova. Faz-se, finalmente, uma analogia entre estética e política.

Evidentemente, o novo na situação não é que uma arte seja incompreendida pelo público, mas que os artistas tomem essa incompreensão como consequência a ser afirmada positivamente. Isso é o que fazem as vanguardas. Por isso, podem se satisfazer com vaias, e não apenas com aplausos. Essas vaias funcionam como uma espécie de confirmação de que criavam arte de fato nova e desafiadora. Nenhum progresso se faria sem que as velhas formas resistissem. O texto que talvez inaugure, nesse sentido, o gênero do manifesto de vanguarda foi publicado antes de 1828, a data na qual Danto marcou seu começo. Chamava-se "Sobre a incompreensibilidade". Saiu na *Athenäum*, com a autoria de Friedrich Schlegel. Tratava-se de uma resposta às acusações de que a revista era incompreensível, mas que colocava a culpa nos leitores.[161] Não se deveria escrever para um público existente. Fazê-lo é conformar-se a códigos conhecidos, mas, como demonstrou Reinhart Koselleck, na modernidade alemã "a arte entra em cena como antípoda da ordem estabelecida".[162] Escreve-se para o público por vir, engendrado pelas obras novas que lê — ou que escuta.

No Brasil, a dinâmica desafiadora das vanguardas diante do público achou a sua fórmula mais sintética com o poeta concreto Augusto de Campos, parceiro dos tropicalistas. É dele o poema nomeado "viva vaia",[163] que concentrava três sentidos: primeiro, é dado um "viva" para a vaia, um "oba" que a aprova; depois, afirma-se que a vaia é viva, é vital; enfim, sugere-se que devemos viver a vaia, atravessá-la, tê-la como elemento que faz parte da relação entre arte de vanguarda e público.

Infelizmente, com o governo do Brasil em uma ditadura, a vaia tornou-se, em muito breve, censura, prisão e exílio. Depois de divulgado *Tropicália ou Panis et circencis*, a recepção dividira-se entre amor e ódio: no mesmo jornal, o *Última Hora*, o crítico Sérgio Porto avaliou o álbum com nota zero, acusando-o de vigarice e de ser uma salada musical penosa, enquanto que Eli Halfoun deu nota dez, e mesmo Chico de Assis achou o disco ótimo.[164] No caso do governo militar, porém, haveria menos divisão nos meses seguintes de 1968. Talvez percebesse o potencial político ameaçador da estética tropicalista, mesmo que as suas canções escapassem do padrão de engajamento de protesto didático e panfletário. Esse potencial, contudo, estava lá e era identificado pelos artistas que eram próximos ao movimento. Hélio conta que o ritmo e as frases de "Enquanto seu lobo não vem" vinham à sua cabeça e à de vários amigos na Passeata dos Cem Mil contra a ditadura. Pensavam nos versos "vamos passear na floresta escondida, meu amor, vamos passear na avenida". Era como se uma trilha sonora tocasse para essas pessoas enquanto protestavam. "Houve até quem achasse mais tarde que a música fora um prenúncio da passeata", diria Hélio, para então definir que "Caetano constrói estruturas cada vez mais abertas à imaginação, logo, à participação".[165] Note-se que a potência política da estética tropicalista não reside no engajamento direto, didático, panfletário. Sua abertura convida a uma participação ambiental ampla no mundo comum.

Vale dizer que, desde meados da década de 1960, ao menos, a proposta de arte ambiental vinha sendo trabalhada nas obras de Hélio. Os penetráveis eram o exemplo evidente: ao invés de uma contemplação distanciada apenas pelo olhar, seríamos convidados a entrar, com nosso corpo inteiro, naquilo que, muito depois, viria a ser chamado de instalação. *Tropicália* era um penetrável, e nesse sentido é coerente que Hélio destacasse no movimento musical cujo nome viera dali a produção do mesmo efeito: uma manifestação ambiental. No texto "Esquema geral da Nova Objetividade", um item fundamental é a participação do espectador, que incluiria não somente a atuação semântica de criação de novos significados, mas também a atuação sensorial e corporal concreta:[166] entrando no penetrável, dançando com o parangolé. Isso foi o que Hélio identificou na música tropicalista. Era ambiente de participação. Daí a presença forte do corpo: nas fotos, no palco, na televisão. Era uma presença ambiental, que apelava para uma posição menos passiva e mais ativa de quem olha ou escuta a obra de arte, o que evidentemente tinha uma conotação política significativa naquele momento do Brasil.

O regime autoritário não toleraria que a música popular brasileira saísse do resguardo para a vanguarda, da estética para a cultura, da arte para a política. Era possível conviver com a beleza discreta da Bossa Nova, não com a petulante insolência do Tropicalismo. Caetano, após o episódio polêmico ocorrido durante a apresentação de "É proibido proibir", desconfiava que algo daria errado. "Talvez tivéssemos tocado estruturas profundas da vida brasileira", narrou mais tarde e concluiu, orgulhoso, "com enorme risco para nós".[167] No dia 27 de dezembro de 1968, ele e Gil foram presos. O pretexto era um show na Boate Sucata, no Rio de Janeiro, em que o cenário apresentava a bandeira *Seja marginal, seja herói* de Hélio Oiticica, na qual a inscrição aparecia junto à figura do bandido Micuçu (sobre o qual a poeta norte-americana Elizabeth Bishop escreveria belos versos). Um juiz assistiu ao show e o denunciou. Versões exageradas acusavam os tropicalistas de cantarem o Hino Nacional em meio a palavrões. Nada ficaria claro no processo — como é frequente em ditaduras.

Mesmo assim, até os últimos instantes os tropicalistas permaneciam fiéis a si próprios. "Foi Caetano o jovem que cantou a disponibilidade para tudo de sua geração, que de fato constitui um sujeito, e creio que por isso ele foi preso", como aponta Tales Ab'Sáber, que acredita que ali surgia "uma referência geral da época, mas transformada em uma ética e um afeto tão puros, tão radicais, que não conheceu paralelo no Brasil".[168] Referia-se aos anos de 1968, 1969 e 1970. Se a Bossa Nova tinha sido o sonho utópico de liberdade civil democrática na década de 1950, seu ciclo agora chegava ao fim. O pesadelo do autoritarismo, que começara em 1964, entrava em sua pior fase em 1969. O movimento coletivo do Tropicalismo terminava, pois "a nova ordem gerou uma dispersão geral" que, como atestou Torquato — ele mesmo suicidado em 1972 —, acarretaria a perda da "perspectiva de conjunto".[169] Caetano e Gil viajaram para a Inglaterra após serem soltos da prisão. Lá ficaram até 1972. Em momentos distintos, Torquato, Hélio, Glauber e Zé Celso saíram do Brasil. Na falta da experiência coletiva que fundamentara o movimento, cada um dos artistas seguiu seu caminho, mas o Tropicalismo já passava à história

PLANO GERAL

A antropofagia na era da reprodutibilidade técnica

1. Nacional e universal

Os tropicalistas fizeram na música dos anos 1960 as obras antropofágicas mais radicais da história das artes brasileiras. Os modernistas tinham elaborado antes, nos anos 1920, o conceito de antropofagia para designar que o Brasil, em vez de se afastar das culturas estrangeiras, toma gosto por elas e as come para torná-las parte de si. Mas nem eles tiveram tanto apetite. Não foi, portanto, só o Tropicalismo que se filiou à antropofagia, mas a antropofagia que, através dele, tornou-se na prática o que ela é hoje. Oswald de Andrade, com o *Manifesto antropófago*, lançou uma flecha cujo verdadeiro arco, paradoxalmente, apareceria só quatro décadas mais tarde. O Tropicalismo não foi apenas o alvo atingido pela flecha antropofágica na ordem cronológica do tempo. Foi o arco que, pela ordem histórica do sentido, fez da antropofagia o que ela nunca tinha sido até então e nunca teria sido por si só. José Guilherme Merquior dizia que em sua própria época a antropofagia foi "mais teórica do que realizada em obras definitivas".[170] No ideário dos modernistas, ela formulou de modo sagaz o contato modernizante do Brasil com o Ocidente. Não fosse a Tropicália, contudo, seria apenas um capítulo desse ideário, ainda que relevante.

Não houve, aliás, sequer uma causalidade entre as criações tropicalistas e o conhecimento mesmo da ideia de antropofagia.

Músicos como Caetano Veloso e Gilberto Gil já estavam criando suas canções quando familiarizaram-se com o *Manifesto antropófago*. Isso aconteceu graças ao convívio, na época, com outras formas de arte. Especificamente, foi *O rei da vela*, texto de Oswald de Andrade, na encenação pelo Teatro Oficina, de José Celso Martinez Corrêa, em 1967, que chamou a atenção dos tropicalistas. Caetano conta que, ao assistir à montagem, Zé Celso tornou-se logo, a seus olhos, tão grande quanto o cineasta Glauber Rocha, embora seu verdadeiro encontro ali tivesse sido com Oswald.[171] Estava sendo coroado um processo no qual sua obra era tirada do esquecimento, pioneiramente pelos críticos e poetas concretos de São Paulo desde 1956,[172] em especial os irmãos Augusto e Haroldo de Campos. Nas artes plásticas, em breve o Neoconcretismo de Hélio Oiticica e Lygia Clark também descobriria Oswald. Em todos os casos, ficaria claro aos tropicalistas que, da obra de Oswald, o mais revelador não era o teatro, talvez nem mesmo os romances e poemas, mas as ideias do *Manifesto da poesia pau-brasil* de 1924 e, sobretudo, do *Manifesto antropófago* de 1928. Caetano diria que eles foram um "tratamento de choque"[173] em seu pensamento.

O privilégio dos manifestos sobre a obra teatral, romanesca ou poética de Oswald comprova a tese de que sua prática antropofágica ficou aquém da força teórica. Mesmo Augusto de Campos sublinharia, em 1975, que a antropofagia é "a única filosofia original brasileira".[174] Nesse sentido, o conceito de antropofagia se delineia no Modernismo, mas sua consumação na prática artística atinge o ponto máximo é com o Tropicalismo. Caetano chama a antropofagia de "intuição"[175] e de "visão",[176] como se faltasse a ela ainda concreção e realização. Os tropicalistas é que as conquistariam, uma vez que "a ideia do canibalismo cultural servia-nos, aos tropicalistas, como uma luva" — conforme logo observou Caetano —, "estávamos 'comendo' os Beatles e Jimi Hendrix".[177] Nessa medida, a operação cosmopolita pela qual o rock estrangeiro servia de alimento para a música popular brasileira encontrou no conceito de Oswald sua explicação teórica. "É somente requentar e usar", escutamos no álbum *Tropicália ou Panis et circencis*, "porque é made in Brazil". No conselho de Tom Zé nessa canção, "Parque industrial", o gesto característico da cultura brasileira seria menos o de criar algo a partir do zero e mais o de reaproveitar, antropofagicamente, o que já tinha sido produzido em outras culturas, mesmo que de modo infiel ou "errado".

Tropicália ou Panis et circencis errou já no título, pois a expressão em latim à qual ele faz referência, "pão e circo", não se escreve assim. O correto é *panem et circenses*. Muitos perceberam o erro desde seu lançamento. Décio Pignatari, poeta concretista de São Paulo, viu ali um delicioso provincianismo de vanguarda, segundo contaria Caetano em seu livro *Verdade tropical*, onde admite e descreve o erro.[178] Não se trata, contudo, de corrigi-lo, mas de perceber, como os modernistas brasileiros dos anos 1920, que às vezes são os erros que mais interessam, que neles pode estar a criação, que a aprovação integral do erro é um modo de se liberar do recalque, ganhar independência frente a modelos. Oswald de Andrade, no *Manifesto da poesia pau-brasil*, falava da "contribuição milionária de todos os erros",[179] uma vez que só assim aceitaríamos como falamos e como somos. Nisso, o erro no título de *Tropicália ou Panis et circencis* soa uma involuntária coerência dessa atualização do projeto antropofágico, nem que seja somente pelo seu valor anedótico. Os modernistas — sobretudo Oswald de Andrade e Mário de Andrade — legaram à poesia o direito experimental de abrasileirar a língua portuguesa, sem prestar contas à gramática lusa. Os tropicalistas exercitaram esse direito em toda a cultura brasileira: maior liberdade diante de padrões previamente dados.

O encontro com a ideia de antropofagia fazia sentido para o Tropicalismo porque, de acordo com ela, o Brasil não deveria copiar modelos estrangeiros no seu projeto civilizatório e tampouco, contudo, fechar-se na preservação pura do seu ser. Entre as reformas de Pereira Passos no início do século XX que tentavam fazer da capital federal, o Rio de Janeiro, uma espécie de Paris dos trópicos, e o nacionalismo ufanista do movimento verde-amarelo ou da Escola da Anta, de Plínio Salgado, os modernistas conceberam outras vias para pensar a relação do Brasil com o mundo. No caso de Oswald, a principal foi a antropofagia. Recusava-se a bifurcação, tão comum no país, entre emular o que é de fora ou então ignorá-lo: nem macaco de imitação nem avestruz. No que diz respeito à canção popular do fim da década de 1960, exagerando nas tintas, nem o iê-iê-iê de Roberto Carlos nem o samba de raiz. Gil, na época, criticava a volta, depois da Bossa Nova de João Gilberto, de "coisas que tivessem nascido no nosso próprio terreno",[180] como samba de morro, música de protesto ou caipira, tendo em geral o Nordeste como mote. O Tropicalismo era antropofágico pois queria o uso de coisas nascidas em qualquer terreno para criar no nosso algo diferente. O gesto era de abertura e não de fechamento. Impuro, e não puro.

O espírito antropofágico foi decisivo para a consciência de um movimento cultural, e não só musical, formada na década de 1960. Nas artes plásticas, Hélio Oiticica afirmava, em 1967, procurar uma "superantropofagia", capaz de abolir o colonialismo cultural pela sua absorção numa vontade construtiva geral.[181] Logo, ele caracterizaria o próprio penetrável *Tropicália* como "a obra mais antropofágica da arte brasileira", dada a sensação que se teria ao entrar na obra "de estar sendo devorado".[182] O antigo espectador, passivo, era obrigado a penetrar na obra ambiental e se deparar, ao fim, com uma televisão, o que sinalizava que, agora, a antropofagia estava diante da tecnologia moderna de comunicação de massa. Lygia Clark, por sua vez, em breve, criaria a *Baba antropofágica*. No cinema, Glauber Rocha também aderiu à antropofagia a partir do que os tropicalistas faziam. "O Tropicalismo, a descoberta antropofágica", escreveria, "foi uma revelação: provocou consciência, uma atitude diante da cultura colonial que não é uma rejeição à cultura ocidental".[183] Não o é pois a devora, em vez de rejeitá-la. Joaquim Pedro de Andrade também faria uma adaptação antropofágica da rapsódia *Macunaíma*, de Mário de Andrade, para o cinema. Junto com Zé Celso no teatro, estava dada uma atitude antropofágica generalizada na cultura.

Nesse contexto, a antropofagia serviu de denominador comum para que o movimento tropicalista se fixasse na cultura em geral, transcendendo o nicho da música. Era essa ideia vinda do Modernismo que atrelava pessoas tão diferentes como o estudioso Augusto de Campos na poesia e o impulsivo Zé Celso no teatro. No livro *Verdade tropical*, Caetano lembra que fora rejeitado pelos sociólogos da esquerda e pelos moralistas da direita, ou seja, pelo caminho mediano da razão, porém atraíra e fora atraído pelos ultrarracionalistas, como os poetas concretos, e pelos irracionalistas, como Zé Celso ou Jorge Mautner, o que se explicaria pela presença comum, em todos eles, da figura modernista de Oswald de Andrade.[184] O movimento gestado nos anos 1960 chegaria, entretanto, mais longe até que o seu predecessor dos anos 1920. "O fato é que Caetano foi mais além de Oswald, inclusive por ser filho de outra época",[185] pontuava Glauber. O que era promessa agora se cumpria. Hélio já assinalara que precisávamos não só de antropofagia, mas sim de superantropofagia: devorar o mundo a partir do Brasil, o passado a partir do presente. É que "a antropofagia, vista em seus termos precisos, é um modo de radicalizar a exigência de identidade", conforme diria Caetano, e "não um drible na questão".[186] Ou seja: uma outra forma de pensar a cultura brasileira.

Na origem histórica, a antropofagia era um ritual de índios que moravam no território depois chamado pelo Ocidente europeu de Brasil. De acordo com a etimologia da palavra, significava comer (fagia) o homem (antropos). Designava, especificamente, o homem que devora o homem. Distinguia-se, porém, do mero canibalismo, pois este ocorreria sem ritual algum vinculado, ou seja, somente por fome, por necessidade biológica. No caso da antropofagia, os índios comiam só os inimigos mais corajosos e valorosos, pois acreditava-se, segundo um pensamento mágico, que sua ingestão traria junto suas melhores qualidades. Esse hábito chegou a ser empregado com portugueses. Oswald o toma como metáfora positiva para a capacidade brasileira de devorar até o que seria opressor. "Só me interessa o que não é meu",[187] diz o *Manifesto antropófago*. É que eu me transformo através do contato com o que é diferente de mim. Era dessa natureza a vontade tropicalista de, como a Bossa Nova fizera antes com o jazz, incorporar o rock na música popular brasileira.

Por isso, os tropicalistas citariam a Coca-Cola em suas letras, aceitariam o ritmo do rock e importariam seus instrumentos para a música popular brasileira. Em "Baby", Gal Costa aconselha: "Você precisa aprender inglês." Os componentes da vida de consumo são tratados com doçura, sublinhada pelo belo arranjo de cordas.[188] É uma singela antropofagia de tom romântico. "Você precisa tomar um sorvete na lanchonete." No fim, em inglês mesmo: "I love you." Sem pruridos nacionalistas, as expressões estrangeiras dominadas no Brasil são declamadas no lirismo da canção. Em "Panis et circenses", os Mutantes pausadamente carregam sua canção, numa temperatura quase morna e calma, até que ela desfalece, como se o eu — que queria cantar mas é frustrado pelas pessoas da sala de jantar — tivesse sucumbido. Subitamente, no entanto, tudo revive na velocidade do rock, o eu ressuscita, cheio de uma energia nova, e acusa as pessoas da sala de jantar, levando a aceleração ao limite. Nessa e em outras canções de *Tropicália ou Panis et circencis*, a entrada de guitarras elétricas na polêmica apresentação de "Alegria, alegria", em 1967, tinha confirmada sua têmpera antropofágica: não descaracterizara a identidade nacional, a não ser para enriquecê-la pelo contato com algo diverso.

Nessa medida, os tropicalistas, por conta da forma da prática musical que estavam empreendendo, viram-se diante do velho problema teórico brasileiro da identidade nacional. Também aqui a antropofagia os auxiliava. Para músicos cheios de talento como Edu Lobo ou críticos como José Ramos Tinhorão, a importação das informações estrangeiras gerava desconfiança, quando não uma represália violenta. Era como se ela estivesse traindo a essência típica da música nacional, sendo refém do imperialismo cultural que nações dominantes, sem que percebêssemos, impunham sobre países periféricos, quase atualizando, na arte, a relação entre colônia e metrópole que marcara a história do Brasil. Não faltaram ataques aos tropicalistas, considerados até alienados. O desassombro de seus músicos na integração do rock atual a um conhecimento espantoso de todo o cancioneiro nacional era mesmo desconcertante. Não se conseguia classificar o Tropicalismo entre os gêneros musicais, e assim é até hoje. Ele não inventou um gênero exatamente, mas uma forma, uma prática, um gesto

— cujo nome, porém, já tinha sido dado desde os anos 1920 no Modernismo: antropofagia.

"O Tropicalismo nem constituiu um gênero próprio", admite Tom Zé, para observar, entretanto, que ele "abriu as portas para outras assimilações".[189] Fazia uma comparação com a Bossa Nova, esta, sim, um gênero musical autêntico: com sequência de acordes e melodia. Na sua opinião, aliás, ela levaria vantagem, pois seria "mais aprofundada" musicalmente. Sem perceber, contudo, Tom Zé estava também apontando a atitude antropofágica do Tropicalismo, pois tal atitude era precisamente a de abrir portas para novas assimilações, sem preocupação com o gênero específico no qual elas estariam encaixadas. Tratava-se, assim, de pensar a canção popular a partir de uma concepção de cultura na qual importa menos a criação de um gênero específico diferente dos outros do que de obras capazes de angariar as diferenças de vários gêneros. Se a Bossa Nova alimentara-se do jazz e assim forjara um novo gênero, o Tropicalismo alimentou-se do rock e forjou uma nova forma de criar e pensar. "Nós tínhamos certeza de que João Gilberto", conta Caetano, "era um exemplo claro de atitude antropofágica", para completar ainda: "e queríamos agir à altura".[190] Não por acaso, ambos foram alvo comum de toda sorte de nacionalismo, na medida em que profanariam a brasilidade da canção.

Nesse contexto, a antropofagia do Tropicalismo teve dois sentidos: um era geral e conceitual, outro era particular e prático. No sentido conceitual, seguia-se a ideia de Oswald de Andrade de que "só a antropofagia nos une", na medida em que ela é a "a única lei do mundo".[191] Trata-se de uma filosofia da cultura para a qual o que nos une não é uma identidade específica em comum, mas sim que nós devoremos toda e qualquer identidade que gostaria de permanecer exclusiva. Ou seja, nenhuma característica está definitivamente atada a esta ou àquela cultura, podendo sempre ser apropriada por outra. É uma lei do mundo, e não apenas do Brasil. Reconhecê-la é a condição para o desapego de cobranças nacionalistas ou mesmo xenófobas. Num dos penetráveis da ambientação *Tropicália* vinha escrito: "a pureza é um mito". Para a antropofagia, que Hélio também defendia, toda pureza é uma origem fabulada pelo mito, nunca realidade cultural efetiva. No mundo, encontramos as culturas já sempre em algum tipo de contato, jamais completamente isoladas umas das outras. Só pela imaginação de um passado remoto é que falamos de pureza. Seria preciso abandonar, assim, as pretensões de identidade nacional fixa, inclusive na música, já que nem o samba nascera puro. O Brasil seria um país de origem misturada por diferentes culturas, uma "geleia geral", nos termos de *Tropicália ou Panis et circencis*.

Nesse aspecto mais particularmente referido ao Brasil, a antropofagia era uma estratégia para a inversão cultural da dominação política e econômica. Não se trataria apenas da admissão teórica de que toda cultura é impura, mas de uma operação de contra-ataque ao processo de colonização histórico e simbólico que, desde a invenção do Brasil, estaria em curso. Nesse caso, a antropofagia aplica-se apenas, por assim dizer, de uma nação politicamente dominada sobre uma politicamente dominante. Oswald procede, pela provocação irônica, à declaração de uma nova periodização da fundação do Brasil no final de seu *Manifesto antropófago*. O ano de escrita do *Manifesto* era o de 374 desde a deglutição do bispo Sardinha.[192] Isso significa que o Brasil inicia quando os índios devoram um católico português e o processo colonizador é traiçoeiramente revertido. "Nunca fomos catequizados", afirmava Oswald, porque "fizemos Cristo nascer na Bahia".[193] Nada poderia soar tão tropicalista: evita-

-se a conversão mas reinventa-se o conversor, ao invés de o eliminar. Ele renasce. No Brasil. Na Bahia. *Tropicália ou Panis et circencis* começa e termina com orações, com rezas religiosas: "Miserere nóbis" e "Hino ao Senhor do Bonfim". Não se evita o catolicismo por ser uma religião europeia, ele é devorado antropofagicamente e abrasileirado. No caso do "Hino ao Senhor do Bonfim", essa operação é exemplar. "É Jesus de Nazaré e os tambores do candomblé", observou Jorge Mautner, "um hino que nos convoca a celebrar a paz e a concórdia ao mesmo tempo em que celebra a vitória em batalhas".[194]

Mesmo a narrativa histórica das origens do Brasil e do dito Novo Mundo é submetida à irônica carnavalização antropofágica no disco, como se escuta em "Três caravelas". O que era uma rumba cubana sobre a chegada de Cristóvão Colombo — um "navegante atrevido" — no continente depois nomeado de América com as caravelas Santa Maria, Pinta e Nina é gravada com a versão brasileira e irreverente de João de Barro, o Braguinha. Com ela, "a rumba cubana é deglutida em versos gaiatos de marchinha de carnaval", como percebeu Manuel da Costa Pinto, para quem aí a antropofagia chegava até "a incorporar o relicário latino-americano".[195] O espírito de "Três caravelas" e do "Hino do Senhor do Bonfim" já estava no *Manifesto antropófago*, quando Oswald escreveu que "nunca fomos catequizados, fizemos foi Carnaval".[196] É descontraída a forma de contar a nossa história. "Muita coisa sucedeu, daquele tempo pra cá, o Brasil aconteceu, é o maior, que que há", ouvimos ironicamente em "Três caravelas". Como constatou Gilberto Vasconcellos, "a paródia ao ufanismo nunca é deixada de lado".[197]

Os tropicalistas partiam, portanto, da antropofagia como forma filosófica de compreender a dinâmica impura de constituição das culturas, mas também chegavam até a antropofagia com outro objetivo: ela era a atuação prática de apropriação dos dados provenientes de nações econômica e politicamente dominantes. Nesse sentido, o emprego das guitarras elétricas vindas do rock, extraordinariamente feito pelos Mutantes, correspondia não apenas a demandas internas de composição musical. Correspondia à pretensão cultural de provar — tanto para demonstrar como para gostar ou saborear — que o Brasil, a despeito da opressão colonial em sua história e do domínio estrangeiro ainda naquela época, podia tomar posse autônoma, pela arte, de elementos oriundos das fontes opressivas e estrangeiras. "Não se faz de conta que a dependência não existe, pelo contrário, frisa-se a sua inevitabilidade; não se escamoteia a dívida para com as culturas dominantes", escreveu o crítico Silviano Santiago; contudo, "ao mesmo tempo, não se deixa perder no limbo das elucubrações etnocêntricas a possível originalidade do produto criado".[198] Eis o que estava em jogo na antropofagia devidamente situada e contextualizada, não apenas como princípio filosófico geral. O Tropicalismo atua assim, o que significa que a incorporação das guitarras, a citação à Coca-Cola e tudo o mais que estava vinculado aos Estados Unidos então dominantes não era sintoma de alienação do certame político, mas, ao contrário, um modo consciente de lidar com ele, só que sem se entregar, de cara, ao nacionalismo fechado em si mesmo.

Haroldo de Campos acentuava essa dimensão desafiadora da antropofagia quando afirmava que, ao devorar o legado cultural universal, sua perspectiva não era aquela do bom selvagem submisso e reconciliado, como encontramos nos escritores do Romantismo brasileiro, e sim do mau selvagem desabusado, sendo uma transculturação.[199] Era 1967. Sua afirmação contrariava o espaço que havia sido reservado pelo cenário geopolítico mundial para o Brasil. Como ele escreveu mais tarde, estava em causa "o surgimento do novo ainda nas condições de uma economia subdesenvolvida".[200] O argumento era de que havia uma discrepância do desenvolvimento artístico em relação ao desenvolvimento econômico, portanto o atraso do segundo não interditava que o primeiro fosse de vanguarda. Na medida em que as relações das artes são menos submetidas ao imperativo financeiro, é possível, embora com poucos recursos, formar obras que, absorvendo antropofagicamente os dados de fora, ultrapassem a mera cópia e tenham um resultado original.

O processo pelo qual seria possível reverter a relação de importação e de exportação entre as nações na seara da cultura era a consequência dessa tomada de atitude antropofágica, pois os movimentos internacionais, em geral, têm uma direção que vai dos países mais desenvolvidos até os menos desenvolvidos, o que faz daqueles os exportadores e destes os importadores. "Mas o processo pode ser revertido", anunciava Augusto de Campos ainda em 1966, "na medida em que os países menos desenvolvidos consigam, antropofagicamente — como diria Oswald de Andrade — deglutir a superior tecnologia dos supra desenvolvidos e devolver-lhes novos produtos acabados".[201] Nisso, os poetas concretos referiam a atitude antropofágica, simultaneamente, às propostas de Oswald apresentadas no *Manifesto da poesia pau-brasil*, uma vez que ali ele defendia precisamente essa reversão do lugar do Brasil de mero importador para o de exportador de poesia. Daí o nome do manifesto: o pau-brasil foi a primeira matéria de interesse para a qual Portugal atentara na sua colônia, e por isso a exportava — a árvore virou um produto. Só que, agora, a exportação se faria após o que viesse de fora ser aceito e refeito. "Wagner submerge ante os cordões de Botafogo",[202] afirmava Oswald. O jazz submerge ante a Bossa Nova. O rock submerge ante o Tropicalismo. Augusto de Campos comparou esse processo com o do futebol brasileiro, que reinventou o jogo inglês, na origem importado, e o exportou para o mundo em nova forma.

Ninguém foi tão cedo atento para o despontar de Caetano e Gil, na crítica musical brasileira, quanto Augusto de Campos, e justamente nesta chave que os opunha aos "puristas do samba" e à impermeabilidade nacionalista. Desde 1966, ele já saudava a entrada em cena desses que depois se tornariam tropicalistas. "O passo à frente de Caetano Veloso e Gilberto Gil" foi título de um artigo no qual ele sublinhava que a deglutição deles voltava-se não só para gêneros musicais, mas para toda a vida moderna, cada vez mais internacionalizada graças à indústria e à tecnologia, especialmente na circulação das informações. Ressaltando meios de comunicação de massa modernos, jornais ou revistas, rádio ou televisão, concluía que "é impossível qualquer pessoa viver a sua vida diária sem se defrontar a cada passo com o Vietnã, os Beatles, as greves, 007, a Lua, Mao ou o Papa".[203] Não por acaso, "Baby" canta a piscina, a gasolina, a margarina. Não por acaso também, o Tropicalismo deixou-se tomar pelo clima internacional de rebeldia estética e política que se espalhava pelo Ocidente naquela época.

2. O pop e a indústria cultural

No fim dos anos 1960, estavam em voga teorias de Marshall McLuhan que falavam de uma "aldeia global" gerada pela comunicação de massa e pelas novas tecnologias.[204] Na famosa obra *A galáxia de Gutenberg*, ele explicara a passagem histórica da cultura oral antiga para a cultura escrita moderna e apontava o que ocorria naquele momento dos anos 1960: uma nova passagem, com a tecnologia de informação. Interessava aos tropicalistas a tese de que os meios técnicos não eram só instrumentos da humanidade, mas formas nas quais ela se inventava. O efeito disso era a aldeia global, graças à qual a cultura de um país, caso estivesse ligada através da tecnologia, seria cada vez menos apenas nacional, tornando-se internacional. Os códigos e elementos do mundo chegariam a todos os lugares. O romance *PanAmérica*, de José Agrippino de Paula, que tanto interessou Caetano, era um exemplo do objeto vindo ainda da galáxia de Gutenberg mas habitante da aldeia global. Marilyn Monroe e James Dean, Che Guevara e Andy Warhol — todos estavam lá, no livro de Agrippino de 1967, com prosa de estilo cinematográfico.

De um modo próprio, o Tropicalismo, na música popular brasileira, estava fazendo a operação que, no mesmo momento, Warhol praticava nas artes plásticas nos Estados Unidos. O denominador comum era o pop, englobando os signos da vida urbana e do consumo. Há quase uma pedagogia da arte pop para o Tropicalismo. Em *Verdade tropical*, Caetano confessa que aprendeu a considerar figuras como Elvis Presley ou Marilyn Monroe apenas através da representação de Andy Warhol.[205] Ele mobilizava a técnica da reprodutibilidade para fazer tais personalidades aparecerem explicitamente como aquilo que em verdade sempre foram: não pessoas e sim imagens. O *silkscreen* colorido, por onde seus corpos e rostos surgiam, não deixava de fazê-los solidários, para dar um outro exemplo do próprio Warhol, às latas de sopa Campbell ou às caixas de sabão Brillo. No plano do consumo, daria tudo na mesma. O pop refletia sobre si como uma ruptura com a inspiração romântica sublime da pintura dos expressionistas abstratos dos anos 1950, exemplar em Mark Rothko, mas também em Jackson Pollock. O corrompido e trivial ambiente das cidades com os bens de consumo invadia a arte, que ainda procurava uma forma de comentá-lo, situando-se entre endosso e ironia, aceite e crítica. Como Elvis, Marilyn e a sopa Campbell na arte pop, *Tropicália ou Panis et circencis* cita antropofagicamente Frank Sinatra, Paul Anka, Formiplac.

Só que o Brasil não são os Estados Unidos. Por isso, o contexto em que a cidade aparece será diferente. Mesmo porque, no Brasil, na época do disco, a população ainda morava metade no campo. Nas canções tropicalistas, vedetes da comunicação de massa serão acompanhadas por elementos do cotidiano rural. Nessa "geleia geral" há um boi para cada Frank Sinatra, uma carne-seca para cada Formiplac. Lado a lado, o Canecão — a casa de shows moderna — e o santo barroco baiano ocupam o mesmo espaço. Batman junta-se com macumba, numa inusitada "Bat macumba". Logo, esse quadro não poderia ser narrado pela continuidade linear das histórias em quadrinhos, a exemplo da pintura pop norte-americana de Roy Lichtenstein, ou capturada na imagem em *silkscreen* de Warhol. O retrato em movimento do Brasil exigia outra forma, com a justaposição de distintos elementos temporais simultaneamente, já que o arcaico rural e a modernidade urbana conviviam intimamente, sem falar na ditadura política e na desigualdade social específicas do país. Digamos que a arte pop ensinava aos tropicalistas a reprodutibilidade técnica, enquanto os dadaístas davam a lição do humor diante dela, mas era preciso aprender com os cubistas as colagens, para que pedaços da realidade externa fossem expostos nas canções.

Os arranjos de *Tropicália ou Panis et circencis* foram muitas vezes aproveitamentos dos sons existentes e prontos no mundo, apenas importados para dentro das canções, sob a tutela do maestro Rogério Duprat. Em "Enquanto seu lobo não vem", para ficar em um só exemplo, escutamos no fundo o hino da Internacional Comunista. O disco é cheio de sonoridades que estão no mundo e que são coladas nas canções: desde buzinas de bicicleta até bombas de canhão. "De certa forma, o que queríamos fazer equivalia a 'samplear' retalhos musicais, e tomávamos os arranjos como ready-mades",[206] explicaria Caetano. Sua referência é a obra *A fonte*, de Marcel Duchamp, ou seja, o gesto dadaísta de pegar objetos já prontos, como um mictório, e expô-los como arte. No caso, entretanto, como tais ready-mades não eram as próprias canções, mas somente elementos do arranjo, o seu emprego era semelhante à função que pedaços de jornal desempenhavam ao serem colados na tela dos cubistas, como Georges Braque ou Pablo Picasso. Se, no primeiro caso, a coisa do mundo é uma totalidade que vira obra, já no segundo ela é somente um fragmento do mundo que será também apenas um pedaço situado no interior da obra mais vasta — que, no caso tropicalista, é uma canção.

Forçando ainda o paralelo com as artes plásticas, o Tropicalismo parecia aproximar-se mesmo era da Nova Figuração nacional, na medida em que ela "não nos dá um comentário jornalístico como no *pop* americano", segundo assinalou o crítico Mário Pedrosa a respeito da obra de Antonio Dias, "mas antes um pedaço bruto da vida".[207] Para ele, por mais que artistas brasileiros como Dias e Rubens Gerchman estivessem empenhados no universo pop, a fidelidade nativa os teria impedido de aderir irrestritamente a causas publicitárias sem atrelar misérias e prazeres do Brasil. Eram "popistas do subdesenvolvimento". O mesmo parece ser o caso dos tropicalistas, e não é mero acaso que tanto Dias quanto especialmente Gerchman tenham trabalhado com os músicos do movimento. O primeiro, junto com Rogério Duarte e David Drew Zingg, fez a capa do disco individual de Gilberto Gil; o segundo fez a capa de *Tropicália ou Panis et circencis* – ambos no mesmo ano de 1968. Os trabalhos visuais eram concebidos como parte intrínseca da estética tropicalista. Portanto, o sentido pop presente no movimento era influenciado por artistas como Andy Warhol, mas era afinado com a Nova Figuração, que ganhava espaço próprio na arte do Brasil.

Em *Tropicália ou Panis et circencis*, o pedaço bruto da vida é exposto, por exemplo, em "Lindoneia", baseada na pintura de Gerchman. No quadro e na canção, a referência a partir da qual a personagem é tematizada não vem do estrelato de divas, como Marilyn Monroe. Trata-se, antes, de uma brasileira comum, que andava pela feira e pela igreja. Nem branca nem negra, ela tem a "cor parda". Linda, feia. Nara Leão, que encomendara a canção, leva com certa suavidade a descrição de Caetano e Gil, que se adapta ao visual da pintura original:

a Gioconda suburbana não é especial. Não há mistério, como há na Gioconda de Leonardo da Vinci. Seu elemento pop está explícito pela estrutura de jornal de onde viria a notícia sobre o desaparecimento de Lindoneia. Repare-se que nesta Nova Figuração das pinturas de Antonio Dias e de Gerchman algo diferente do pop norte-americano acontece, já que "a violência simbólica de suas figuras é retirada do imaginário produzido pela imprensa cotidiana", como apontou o crítico Paulo Sérgio Duarte, "não das prateleiras do supermercado".[208] O denominador comum da experiência citadina pop moderna entre a arte norte-americana e a arte brasileira dos anos 1960 pode esconder que a inteligência da última esteve em ser capaz de particularizar, na forma estética, a especificidade social e histórica com que vivia. E o mesmo vale para o Tropicalismo.

Nesse sentido, os tropicalistas estavam atualizando historicamente para o pop o que era a antropofagia do Modernismo. "Nunca perdemos de vista, nem eu nem Gil", afirma Caetano em *Verdade tropical*, "as diferenças entre a experiência modernista dos anos 1920 e nossos embates televisivos e fonomecânicos dos anos 1960".[209] Na verdade, nenhum dos integrantes do Tropicalismo perdia isso de vista. Estavam todos atentos a uma transformação decisiva que acontecera na história do Brasil e até mesmo do mundo: a implementação avassaladora do mercado por toda parte, inclusive para a cultura, e das tecnologias de difusão das artes, como a televisão e o cinema, mas também o próprio rádio e o disco de vinil na música. Nada disso tinha começado ali, embora tudo só naquele momento se sistematizasse. Podemos dizer que o Tropicalismo praticava a antropofagia já na "era da reprodutibilidade técnica", como a denominou o filósofo Walter Benjamin em 1936, ou seja, quando a antiga unicidade original do objeto artístico, haja vista a pintura, fora substituída pela reprodução em série da "técnica emancipada",[210] pela qual as condições de realização e recepção transformaram-se no século XX. E o fazia conscientemente, pois o perigo era que, ao empregar as novas técnicas, a arte fosse imediatamente submetida ao circuito capitalista acrítico que delas se apoderava.

Empregando um conceito do filósofo Theodor Adorno, amigo de Benjamin, a "indústria cultural" recente impunha seus desafios aos tropicalistas, na medida em que com ela as obras seriam, desde a partida, capturadas pela lógica comercial estranha à sua natureza e que as obrigaria à homogeneidade fácil do consumo. No centro da discussão, novamente, estava a questão da técnica reprodutível, a qual tirara do objeto artístico a antiga unicidade original que, por exemplo, tinha a pintura. É que "a técnica da indústria cultural levou apenas à padronização e à produção em série", afirmaria Adorno ainda nos anos 1940, "sacrificando o que fazia a diferença entre a lógica da obra e a do sistema social".[211] Sua tese, então, era que a técnica teria homogeneizado, por causa da exigência de produção em série, a criação de obras de arte e a fabricação de objetos de consumo. Restavam, diante disso, só as vanguardas que se distanciavam da indústria, já que "as obras de arte herméticas exercem muito mais a crítica do estado de coisas",[212] como ele notou depois, em sua *Teoria estética*. Seus heróis eram Beckett no teatro, Schönberg na música. Era a negatividade estética que podia fazer crítica à sociedade.

Eis aí onde se situa a originalidade do Tropicalismo em geral e do álbum *Tropicália ou Panis et circencis* em particular: tratava-se de uma vanguarda, mas na canção popular. Era experimental e comercial. Para empregar a expressão de Augusto de Campos, trabalhava o popular mas com informação nova, e não com redundância.[213] O movimento contava com um músico erudito e trabalhava com as gravadoras comerciais. Não deixava, portanto, de pactuar com o mercado e de se assumir como produto vendável. Procurava a evolução formal da canção na relação com a Bossa Nova, embora sem abrir mão da frequência no consumo de massa. O Tropicalismo era, simultaneamente, um movimento ainda moderno e, como apontou Liv Sovik, já pós-moderno.[214] Não se deveria tomar essas junções como problemas a serem solucionados, e sim como a chave que permite abrir a porta de entrada à especificidade do Tropicalismo. O seu modo de lidar com o embate entre invenção e mercado é o que interessa, pois não se tratava nem de abdicar da primeira em nome do sucesso nem de ignorar o segundo em nome do hermetismo. Os tropicalistas não entendiam a entrada na era da reprodutibilidade técnica somente como um problema, mas também como uma oportunidade. Os novos meios eram, em si, também experimentais.

Caetano explicava essa situação em 1968: "Acredito que a necessidade de comunicação com as grandes massas seja responsável, ela mesma, por inovações musicais."[215] Desfazia, assim, a oposição adorniana entre comunicação de massa e inovação de vanguarda. Na própria evolução técnica estaria não a interdição ao experimentalismo, mas um caminho para ele. O rádio, a televisão, o disco criaram uma nova música, segundo Caetano. Impondo-se como os meios técnicos para a produção estética, exigiram e possibilitaram novas expressões. Isso tudo era dito por ele sem deixar de observar, contudo, que o "novo processo de comunicação é presa de um esquema maior", no qual as leis estéticas nascem das necessidades comerciais e em respeito a compromissos morais, o que muitas vezes impede as inovações. De outro lado, entretanto, o salto inventivo dos pesquisadores puros é sempre ameaçado de cair no vazio, já que, fora do mercado, mal chega a alguém. "De um lado, a música, violentada por um processo novo de comunicação, faz-se nova e forte, mas escrava; de outro, a música, resguardada",[216] concluía Caetano. Ele citava, como exemplos de invenção popular, os Beatles e Jimi Hendrix, que seriam as contraprovas, por assim dizer, aos exemplos de Beckett e Schönberg, oferecidos por Adorno. Nem só de obras herméticas viveu a arte de vanguarda.

O título do álbum *Tropicália ou Panis et circencis*, em si mesmo, já contém a ambivalência de uma vanguarda que, simultaneamente, critica e adere ao que é popular (popular que não é mais o folclore das origens, e sim as massas urbanas novas). Historicamente, *panem et circenses* foi a expressão consagrada na sátira de Juvenal sobre Roma, ainda nos primeiros séculos depois de Cristo. No Império Romano, a expressão dizia respeito ao oferecimento da comida mais básica feito junto com montagens de circo ou jogos esportivos, a fim de entreter o público. O objetivo, supõe-se, era prover uma diversão que distraísse a plebe da exploração econômica e, ao mesmo tempo, abrir uma movimentação comercial durante tais eventos festivos. Não faltava, claro, coerção violenta por parte do império. O pão e o circo da segunda metade do século XX eram ainda entretenimento e diversão, comércio e festa, mas numa sociedade burguesa transformada em espetáculo, de acordo com a denominação que deu a ela o pensador situacionista Guy Debord,[217] em 1967. O mundo conectado por mídias como jornal, revista, rádio e sobretudo pela televisão era uma só sociedade de massa, interligada nacional e universalmente pelo mercado e pela comunicação. Nesse contexto, a pergunta de muitos artistas e dos tropicalistas em particular era qual tipo de posição adotar nesta sociedade: integrá-la, ou negá-la? Pão e circo seriam sinônimos adequados de Tropicália, ou o seu oposto a ser criticado? *Tropicália ou Panis et circencis*. Não costumamos dar muita atenção para o quanto a parte mais discreta desse título — a palavra "ou" — o torna ambíguo. Ela pode significar identificação e disjunção, isto é, pode dar ao título sentidos opostos. No primeiro caso, a palavra "ou" indica que se pode substituir uma coisa pela outra, quer dizer, a Tropicália seria sinônimo de pão e circo. É como se o título do disco fosse intercambiável: é *Tropicália*, mas podia ser *Panis et circencis*. No segundo caso, a palavra "ou" dá a indicação de oposição disjuntiva, de bifurcação: de um lado está a Tropicália e de outro estão pão e circo — assim como os dois termos aparecem visualmente distribuídos em lados opostos da capa do disco. Essa ambiguidade é decisiva para entender como o álbum formula, a partir de si mesmo, conscientemente, o desafio que atravessa toda arte de vanguarda da época. Tratava-se de saber como seria a relação da arte com a indústria cultural. Para os tropicalistas, não seria uma oposição tão radical quanto Adorno exigia das obras à indústria, das vanguardas ao entretenimento. O pacto com aquilo que se queria subverter está em curso nas canções de *Tropicália ou Panis et circencis*.

Isso talvez esteja no cerne da estranheza desse disco. Ele fala de amor e de punhal, tem coração e canhão, é lírico e épico, afetuoso e paródico, divertido e crítico, bem humorado e sério, religioso e laico, popular e erudito, faz iê-iê-iê e protesto. Parece um monstro barroco dançando com insuspeitada leveza entre o inferno e o céu de anil, entre as garotas-propaganda do parque industrial urbano e o boi que faz o bumba do interior rural. Não se adivinha como os extremos tão diferentes puderam se combinar como se feitos uns para os outros. Tome-se, por exemplo, a música "Bat macumba". O seu exercício poético concretista aponta uma modernidade urbana secularizada, e a macumba que lhe dá nome nos lembra da religiosidade além do catolicismo que marca o Brasil. Se a referência ao Batman é pop, norte-americana e recente, a batida dos tambores é tradição africana antiga ou mesmo sem data, sem cronologia. O inglês do *yeah* é conjugado ao ioruba do *Obá*: iê-iê-iê e oba, Beatles e África, rock atual e ritmo ancestral, a tecnologia e os deuses, brancos e negros. Na letra, tudo se junta, sem mediações: nas palavras. O herói Batman subitamente está situado na cultura brasileira. Em vez de fazer a "macumba para turistas"[218] típica do nacionalismo xenófobo que, nos anos 1920, era denunciado por Oswald de Andrade, aqui se faz macumba antropofágica com o personagem originado na indústria cultural estrangeira dominante: o morcego abate, o morcego bate, o morcego batido — pela cultura brasileira.

Essa forma tropicalista de atuar parecia atender a um imperativo que um outro intelectual da época, o italiano Umberto Eco, enunciara em 1964. "Colocar-se em relação dialética, ativa e consciente com os condicionamentos da indústria cultural tornou-se para o operador de cultura o único caminho para cumprir sua função",[219] escreveu ele. Isso explicava o desejo dos tropicalistas de atuar em programas de auditório, como o do Chacrinha. "Preservar a música dos riscos do mercado é uma posição negativa de acanhamento", avisava José Carlos Capinan, uma vez que "terá como efeito o contínuo afastamento desta música das áreas onde deveria estar agora".[220] Nara Leão pedia que músicos aparecessem na televisão e no programa do Chacrinha, a despeito dos preconceitos de bossa-novistas.[221] Em conversa entre Torquato Neto e Capinan, dizia-se que era necessário "sobreviver à corrupção do mercado — com ele".[222] Em certas situações, os tropicalistas foram até mais diretos. "Não fomos nós que fizemos de nossa música mercadoria", dizia Gil, "mas ela só penetra quando vendida".[223] Se o mercado é a forma de mediação por excelência da era moderna, então deve-se entrar nele, mas criticamente.

Tanto é assim que, mesmo com essa postura desabrida para o mercado, os tropicalistas o enfrentariam diversas vezes. Nem sempre as estruturas da mídia de então e as criações de vanguarda podiam se irmanar. Caso emblemático foi o discurso--manifesto em que Caetano diz ter tido "a coragem de assumir a estrutura de festival" para, junto com Gil, "fazê-la explodir".[224] Essa sentença é uma súmula da tática tropicalista: entrava-se no sistema, mas para explodi-lo junto; servia-se ao mercado, mas só até quando ele interessasse, sem qualquer ingenuidade. "Nós, eu e ele, tivemos coragem de entrar em todas as estruturas e sair de todas", concluía Caetano. Não foram poucos os embates na história entre os protagonistas do movimento e a mídia, com a qual, no entanto, eles jamais pararam de se envolver.

Na época, a televisão — com festivais da canção e programas — era a maior novidade e o palco dos principais embates. Logo, a atuação tropicalista também tinha em vista desmistificar, para o público, qual era a essência desses eventos, já que era comum estudantes acharem festivais, por exemplo, "uma arma defensiva da tradição da música popular brasileira", quando, como denunciava Caetano, "é um meio lucrativo que as televisões descobriram".[225] Não se tratava nem mesmo de uma crítica, no caso, mas apenas de uma consciência da dinâmica de interesse do capital. Tampouco essa consciência tinha como efeito abandonar a trincheira da televisão. Como qualquer técnica, seu funcionamento no sistema social tinha uma dialética: "a televisão, porta-voz do regime militar, higienizada e censurada", comentaria Ivana Bentes, "é também o palco popular, a caixa de ressonância das mudanças de comportamento e de consumo".[226] Foi por esse mesmo motivo que Hélio Oiticica frisou quanto o grupo baiano, ou seja, os tropicalistas da música, eram transformadores em função de sua ligação com a cultura de massa, "inclusive com a interessantíssima experiência com a televisão".[227] Não esqueçamos que, já no seu penetrável *Tropicália*, uma televisão ficava ligada o tempo todo. O aparelho ainda estava nascendo e não selara seu destino. Embora já estivesse a serviço do lucro, seu significado era disputado na cultura com teor experimental.

Nisso tudo, o Tropicalismo opunha-se ao passadismo folclórico do Brasil — que no seu apego à tradição fugia de novos avanços técnicos — e ao nacionalismo essencialista — que em seu conservadorismo pátrio distanciava-se das influências estrangeiras. Fazia antropofagia. Diante de comentários sobre a aproximação da sonoridade do berimbau com a de guitarras elétricas, Gil afirmou que havia aí um sentido antropofágico.[228] Tentava-se fazer jus à constituição cultural do Brasil, na qual o processo de modernização existe mas é claudicante, deixando resíduos do passado que, em outras paragens, costuma ser liquidado em nome do futuro. Isso não seria desculpa, contudo, para uma produção artística menos exigente com as técnicas surgidas no século XX. Em uma entrevista de 1967, Caetano explica que era baiano, mas que a Bahia não era só folclore. Salvador era uma cidade grande na qual havia acarajé, mas também lanchonetes, como aquela citada em "Baby". "Nego-me a folclorizar meu subdesenvolvimento para compensar as dificuldades técnicas",[229] concluiria. Portanto, a antropofagia estava longe de ser saída fácil para os problemas difíceis do país. "Tal como eu a vejo, ela é antes uma decisão de rigor", declara Caetano em *Verdade tropical*, "do que uma panaceia para resolver o problema de identidade do Brasil".[230]

3. A alegoria da geleia geral

Pela filiação à antropofagia, o disco *Tropicália ou Panis et circencis* situava-se no Brasil como iniciativa artística e como pensamento cultural. Fazia da música uma forma explícita de reflexão sobre o país. Por isso mesmo, as críticas que recebeu não diziam respeito somente à estética, mas ao modo de interpretar a nação. Não por acaso, a antropofagia esteve na fonte das divergências do crítico Roberto Schwarz com o Tropicalismo. Sem dúvida, trata-se da oposição teórica mais forte que o movimento sofreu. Incidia, justamente, sobre o que Caetano afirmara que a antropofagia não era: uma panaceia. Essas divergências começaram cedo, em um ensaio de 1970 chamado "Cultura e política, 1964-1969". Nele, Schwarz emprega os seguintes termos para se referir à poética tropicalista: "disparate", "absurdo", "aberração".[231] Tinha em vista o modo pelo qual, nas canções, combinavam-se os opostos mais distantes, em especial o passado arcaico e o presente moderno, no que percebia, entretanto, uma solução de compromisso do Tropicalismo com os problemas do Brasil. Mencionadas e até sublinhadas, nossas contradições tinham subtraído, contudo, a exigência de superação histórica de si, passando a espelho narcísico do país em sua riqueza cultural. Pense-se na oração católica de "Miserere nóbis", na religiosidade do "Hino ao Senhor do Bonfim" e na tradição africana de "Bat macumba", que combinam com o "Parque industrial", a televisão e o jornal da "Geleia geral", como se fossem "as relíquias do Brasil" nomeadas em *Tropicália ou Panis et circencis*. Resumindo, seu efeito seria "a submissão de anacronismos desse tipo, grotescos à primeira vista, inevitáveis à segunda", escreve Schwarz, "à luz branca do ultramoderno, transformando-se o resultado em alegoria do Brasil".[232]

Não esteve fora da percepção de Schwarz que seu ataque ao Tropicalismo, no fundo, aplicava-se também à ideia de antropofagia modernista. Nela, já estava em andamento a estratégia de um retrato desconjuntado do país pelos diferentes contrastes que o constituem. Tratava-se, desde o *Manifesto da poesia pau-brasil*, da "justaposição de elementos próprios ao Brasil Colônia e ao Brasil burguês, e a elevação desse produto — desconjuntado por definição — à dignidade de alegoria do país".[233] Escrevendo sobre Oswald de Andrade, o crítico atacava procedimentos idênticos aos que encontrara no Tropicalismo, a começar pela alegoria de país. "Portanto, a modernidade no caso não consiste em romper com o passado ou dissolvê-lo", escrevia Schwarz em uma passagem dos anos 1980 cujo alvo poderia ser ou Oswald ou o Tropicalismo, "mas em depurar os seus elementos e arranjá-los dentro de uma visão atualizada e, naturalmente, inventiva, como que dizendo, do alto onde se encontra: tudo isso é meu país".[234] Não parece que a descrição do crítico fuja à justeza, exceção feita a este "do alto", já que o sujeito tropicalista, ao contrário, situa-se dentro da cena por ele narrada, portanto, no mesmo nível que ela. De "Baby" a "Geleia geral", tudo isso é o meu país, sim, mas inclusive eu, que agora alegoricamente me apresento no seu interior como quem o canta.

Filosoficamente, Schwarz assinala, em uma nota de rodapé, que aplicara a categoria de "alegoria" para classificar o Tropicalismo a partir da formulação de Walter Benjamin no livro *Origem do drama barroco alemão*, da década de 1920. É curiosa essa sua aplicação, pois Benjamin fizera um grande esforço teórico para legitimar o direito estético da alegoria frente ao símbolo, tradicionalmente o seu oposto superior. Para o pensador alemão, o "preconceito classicista" gerou a redução da alegoria a uma "ilustração", como uma espécie de exemplificação de ideias cujo valor seria dizer, indiretamente, o que não se poderia dizer diretamente. Na época da ditadura no Brasil, aliás, seria tentador entender a alegoria assim: artistas a empregariam para falar o que era proibido, como fez Chico Buarque na canção "Cálice", cuja forma escrita escondia o efeito sonoro, uma vez que foneticamente soa como "cale-se", denunciando a censura. Não é, contudo, esse jogo previamente intencionado e que pode ser desfeito quando decodificado o que Benjamin tem em vista. Pelo contrário, a essa concepção da alegoria que é meramente ilustrativa, ele opõe uma outra, que é expressiva, ou seja, que é, em si e por si mesma, linguagem.[235] Logo, a alegoria não seria a mera representação de alguma coisa exterior a ela, mas a invenção de uma imagem.

O caráter alegórico que Benjamin atribuía ao drama trágico do século XVII — mas tendo em vista, na verdade, obras de vanguarda de sua própria época[236] — encontra-se também no Tropicalismo brasileiro. É "o fragmento significativo, o estilhaço: essa é a matéria mais nobre da criação" tropicalista,[237] para ousarmos uma paráfrase de Benjamin. No lugar de um monolito inteiriço e sem fissuras, temos uma geleia geral cheia de pedaços. Rompia-se, assim, com a pretensão de organicidade do todo prevista pelos símbolos da estética clássica. O Tropicalismo introduz na música popular brasileira, mas também na imagem de Brasil que produz a partir dela, um sentido alegórico.

Não se procura a perfeição que totalizaria a forma da canção nem a imagem do país. Pelo contrário, encontra-se a força do estilhaço, dos fragmentos sem uma síntese. Sua intrusão pode "ser caracterizada como um grande delito contra a paz e a ordem, no campo da normatividade artística".[238] O delito está na ausência de completude simbólica. Isso que classicamente era dado como a fraqueza da alegoria, sua fragmentação, é o que Benjamin sublinha como a sua força particular, que quebra a ilusão de totalidade. Para isso, a alegoria, se é que tem uma dialética, é uma dialética muito particular, pois os opostos — a tese e a antítese — não vão se resolver em um terceiro termo: a síntese não ocorrerá.

Entretanto, foi precisamente isso que Schwarz atacou na antropofagia do Modernismo e na sua atualização já durante o Tropicalismo: a falta de superação dialética das oposições. Nessa medida, o seu esquema parece se aproximar mais da *Estética* de Georg Lukács do que daquela de Walter Benjamin. Pois enquanto este sinalizava que a alegoria expunha criticamente a face da história diante do sofrimento e do fracasso,[239] aquele acusava a alegoria da arte contemporânea de ser dissimulação conformista diante do mundo, tornando-se um jogo vazio, sem necessidade ou conexão com a realidade.[240] É que a alegoria, para Lukács, compraz-se numa ambiguidade socialmente alienada, pela qual ela pode, ao mesmo tempo, estranhar o mundo e se integrar a ele, sem compromisso com sua transformação. O embate, aqui, é entre duas concepções de dialética: a de Benjamin, heterodoxa e interessada na tensão paradoxal entre as diferenças, é alegórica; a de Lukács, ortodoxa e interessada na superação sintética das oposições, é simbólica. No Brasil, o disco *Tropicália ou Panis et circencis* está com o primeiro. Schwarz está com o segundo.

Nesse sentido, a articulação tropicalista do presente com o passado não se faz só através da superação paródica, mas também da apropriação pelo pastiche, como observou Christopher Dunn.[241] O passado não é objeto de cinismo ou deboche apenas, como na paródia. Escute-se a interpretação que Caetano dá à canção "Coração materno". É sincera. O passado musical nacional é tratado com carinho: a voz empostada antiga de Vicente Celestino, oposta ao estilo discreto da Bossa Nova de onde vem o Tropicalismo, é reaproveitada numa espécie de antropofagia (sob este aspecto, os tropicalistas foram mais generosos com a tradição do que os concretistas; Augusto de Campos lamentava que não se tivesse deixado para trás a grandiloquência do "*bel canto*"[242]). Nossa vanguarda teve paródia de ruptura e, também, pastiche de permanência, como era o caso do Modernismo, segundo Silviano Santiago.[243] Não há, contudo, neutralidade na operação. Recuperar Celestino era um gesto crítico diante da normatização comportada da Bossa Nova. O passado que é atualizado o é a partir de uma necessidade presente e configura com ele uma tensão dialética. Logo, a apropriação do que passou não é uma "canibalização aleatória",[244] o que para Fredric Jameson definiria a estética do pastiche. Não no caso tropicalista.

É que a poética tropicalista, ao produzir paródias e pastiches do passado, procura na verdade construir o que Benjamin chamava de imagens dialéticas. O "seu lugar não é arbitrário", definiu o filósofo, "deve ser procurado onde a tensão entre os opostos dialéticos é a maior possível".[245] Se a relação do presente com o passado — ou do moderno com o arcaico — fosse pura e simplesmente aleatória, aí não haveria a força poética extraída da oposição radical entre um e outro. É preciso que entre os elementos haja tensão, e esta jamais pode ser alcançada arbitrariamente. Essa tensão é a mesma que a dialética tradicional gostaria de superar numa conclusão. Por isso, o que o Tropicalismo procura não seria a consumação, e sim a exposição da contrariedade de tese e antítese. Há Vicente Celestino e João Gilberto. Há Chico Buarque e Roberto Carlos. Há macumba e Batman. Há campo e cidade. Há tristeza e alegria. Há amor e humor. Há religião e política. Há folclore e consumo. Nenhuma das oposições é submetida ao movimento de superação que curaria seu choque estético. "Pensar não inclui apenas o movimento das ideias, mas também sua imobilização",[246] dizia-nos Benjamin. Tal choque era uma imagem crítica de Brasil. Desde a pioneira canção "Tropicália" até o álbum *Tropicália ou Panis et circencis*, interessava a tensão — e não a solução — entre a multiplicidade e a unidade do Brasil.

Se a música "Geleia geral" tornou-se um manifesto dentro do manifesto que era o disco, foi justamente porque sua letra, mais que qualquer outra, expunha as imagens dialéticas da variedade problemática do Brasil, servindo assim quase como uma instância metalinguística do movimento tropicalista. O consumo moderno e o folclore arcaico estão conjugados aqui: há o iê-iê-iê novo e o bumba antigo, mas "é tudo a mesma dança". É violenta e delicada a fórmula "brutalidade jardim", tirada do romance *Memórias sentimentais de João Miramar*, de Oswald de Andrade. São as "relíquias do Brasil". Elas aparecem nas dualidades e não excluem elementos de fora devorados antropofagicamente, por exemplo um disco de Frank Sinatra. O mundo é moderno e urbano, a geleia geral do país é anunciada no *Jornal do Brasil*. Mesmo assim, a natureza é forte e presente na "selva selvagem", na "manhã tropical" e no "céu de anil". O Modernismo de Oswald está por toda parte dessa canção. O verso "a alegria é a prova dos nove", do *Manifesto antropófago*, é citado. Porém, depois ouvimos: "a tristeza é teu porto seguro". Interpretadas por Gil, as palavras de Torquato Neto ganham uma profunda ambivalência, um misto de entusiasmo autêntico e ironia reflexiva, de elogio e crítica. Nada está pronto ou claro. Nem a verdade do ser do Brasil. Pois este ser é lançado na história. O Tropicalismo não definiu qual deveria ser a identidade nacional pela antropofagia, ele explicitou a resistência antropofágica a toda definição unívoca, essencial e intemporal do país.

Na medida em que as informações estrangeiras chegavam ao Brasil também, e cada vez mais, via mercado, a antropofagia tropicalista não poderia recusar o seu alimento. Devia comê-lo. E o fez sem assombros, jogando até com a propaganda, citada em "Parque industrial" e empregada pelo movimento. O pacto tropicalista com o mercado, contudo, permaneceu um tabu na época para muitos artistas e intelectuais. No embate entre a arte de vanguarda e o capital da mídia, pensava-se que este acabaria vencendo. Para dar um exemplo, "a participação de um tropicalista num programa do Chacrinha obedece a todas as coordenadas do programa e não às do tropicalista — isto é, o cantor acata docilmente as regras do programa sem, em nenhum momento, modificá-las",[247] acusava o diretor de teatro Augusto Boal. O Tropicalismo "pretende ser tudo e não é nada", dizia. O seu argumento, contudo, ignorava que, para os tropicalistas, o Chacrinha não era somente um adversário a ser domado, mas um elemento já com caráter tropical, a ser como que convocado para compor uma ampla imagem do Brasil. Não havia preconceito com ele. Mesmo assim, quando os tropicalistas consideraram que a situação da indústria demandava rompimento com a docilidade, eles o fizeram. Havia atrito na relação e relação no atrito. O episódio da apresentação de "É proibido proibir" é o exemplo cabal disso, diante da estrutura dos festivais da canção, assim como a ironia que há na música "Parque industrial" sobre o sorriso engarrafado que já vem "pronto e tabelado". Só que o contato ambíguo com o capitalismo, inicialmente interessante por se equilibrar entre a cumplicidade e a resistência, pode ter também promovido uma sanção pouco rigorosa da indústria cultural no Brasil.

Mesmo críticos que enxergam na origem do Tropicalismo a virtude do uso democratizante do mercado, como é o caso de Nuno Ramos, desconfiam que a sua normatização histórica posterior suscitaria um efeito oposto. "Suspeito que o Tropicalismo tenha naturalizado nossa indústria cultural até um ponto sem retorno", escreveu ele, "e que o ciclo de conquistas democráticas provenientes dessa operação tenha se encerrado há décadas".[248] Seu comentário tem dois lados: se acusa o legado do Tropicalismo no século XXI pela naturalização da indústria cultural do espetáculo, reconhece também que no final da década de 1960 a operação desempenhou papel importante para o alargamento público da arte a partir de uma visão mais aberta. Retrospectivamente, tem-se a sensação de que, meio século atrás, a nova técnica das mídias e a comunicação de massas ainda estavam sendo experimentadas, seu sentido estava em disputa. Era o caso do programa de auditório do Chacrinha. Nada a ver com Luciano Huck, se for permitida a comparação desajeitada. Onde antes havia ambiguidade cultural, agora há ideologia social. Não é, definitivamente, a mesma coisa.

Se a estratégia tropicalista era uma antropofagia não só do mundo estrangeiro tal como ele se apresentava na primeira metade do século XX, mas também da indústria cultural sistematizada na segunda metade do século XX, o desenvolvimento da lógica desse mercado no século XXI impõe uma atualização da ideia originalmente modernista. Nesse contexto, o problema é saber se essa poética ainda fricciona o mundo do que o crítico Nicholas Brown chamou de "obra de arte na era de sua completa subsunção ao capital",[249] pois as brechas evidentes meio século atrás, se não desapareceram, certamente se estreitaram. É que "a produção cultural está agora diretamente, e não apenas de modo eventual, explorada do ponto de vista econômico, comprada e vendida de maneira a proporcionar lucro", escreveu Brown para discutir especificamente o movimento tropicalista, reconhecendo que, em *Verdade tropical*, Caetano "fala de maneira notavelmente honesta a respeito das condições sob as quais os artistas contemporâneos realmente trabalham".[250] Tais condições são aquelas em que o intervalo entre um momento plenamente autônomo e crítico da criação, por um lado, e o momento de interação com a sociedade e o mercado, por outro, foi praticamente abolido. O problema é que todos os canais de difusão da arte, cuja função é chave para sua pretensão social, pertencem ao capital. Ruim com eles, pior sem eles. O custo da pureza seria a irrelevância. O desafio é como trabalhar em meio às contradições, e não extirpá-las — "aqui ninguém é inocente".[251]

Novamente, o problema é que a antropofagia tem uma lógica própria, que não renega o inimigo, mas o devora para transformar este que o come. Não seria o caso, portanto, de apenas o Tropicalismo vencer e sobrepujar o mercado, e sim de se deixar também transformar por ele, no que aí haveria de virtuoso. Devorar o mercado não é simplesmente exterminá-lo, mas digeri-lo, torná-lo parte de si, embora só após analisá-lo, isto é, quebrá-lo por dentro. Pois, realmente, o mercado pode cooptar para si a arte, extraindo dela todo espírito crítico, dissolvendo as obras e os gestos no fetichismo generalizado de signos culturais. Não é possível ignorar que mesmo a antropofagia e o Tropicalismo tornaram-se, como tudo o mais, marcas de sucesso na globalização anódina atual. No caso, marcas de uma brasilidade *prêt-à-porter* agradável para a arte mundial, ela mesma cada vez mais subordinada à lógica da indústria cultural, que mal sabe distinguir entre valor estético e valor financeiro. Pareceria até que, sendo assim, a geleia moldável por qualquer interesse seria uma metáfora adequada para o jogo do capital. No entanto, a geleia geral jamais foi, para os tropicalistas, uma panaceia. Os objetos de consumo de "Baby" estão no mesmo álbum no qual há "policiais vigiando" em "Lindoneia". O eu queria cantar em "Panis et circenses", mas não pode, pois as pessoas da sala de jantar estão ocupadas em nascer e morrer. Os amantes gostariam de passear na canção "Enquanto seu lobo não vem", só que o lobo já chegou na forma de perseguição ditatorial. Em suma, não estaria aí a solução para a cultura brasileira, mas o desafio que se coloca para ela. "Eu tenho um beijo preso na garganta", ouvimos Gal Costa cantar lindamente em "Mamãe coragem".

Geleia é matéria indefinida, falta-lhe forma. Revela talvez uma potência do Brasil, mas não é a sua passagem ao ato. Para deixar de ser "Pindorama, o país do futuro" e se tornar um presente em movimento, é preciso dar forma à geleia. Mais: é preciso achar um princípio pelo qual a forma não seja modelo ou fundamento que dependa de regrar a matéria alegre. Foi o que João Gilberto teria feito na música com a Bossa Nova. Por isso, os tropicalistas o amam, mesmo que divirjam do seu estilo. Tanto assim que a metáfora "geleia geral" originara-se de uma frase antes escrita pelo poeta concretista Décio Pignatari: "na geleia geral brasileira alguém tem de exercer as funções de medula e osso".[252] O estatuto da antropofagia crítica do Tropicalismo está aí. Não há elogio da frouxidão informe do Brasil, mas a exigência do rigor de medula e osso para que ele fique de pé, sem entretanto empobrecê-lo por deixar de lado o absurdamente rico material de sua cultura diversificada. "Eu por aqui vou indo muito bem", tanto que "de vez em quando brinco o Carnaval", conta-se à "Mamãe coragem". Há Mangueira e Portela na "Geleia geral". O álbum *Tropicália ou Panis et circencis* tem certa festa. Não é, porém, resposta nem certeza, e sim um desafio aberto no final da década de 1960 — e ainda, quem sabe, meio século depois — para que o Brasil assumisse um devir na história em que o pluralismo da geleia geral traria plasticidade, enquanto a medula e o osso dariam firmeza. E a música, bem, se sozinha ela não muda as coisas do mundo, essas coisas do mundo tampouco mudam sem um pouco de música.

Notas

[1] Caetano Veloso, *Verdade tropical*. São Paulo: Companhia das Letras, 1997, p. 184.

[2] Caetano Veloso, *Verdade tropical*. São Paulo: Companhia das Letras, 1997, p. 292.

[3] Walter Garcia, *Bim Bom: a contradição sem conflitos de João Gilberto*. São Paulo: Paz e Terra, 1999.

[4] Caetano Veloso, *Verdade tropical*. São Paulo: Companhia das Letras, 1997, p. 168.

[5] Augusto de Campos, *Balanço da bossa e outras bossas*. São Paulo: Perspectiva, 1974, p. 162.

[6] Celso Favaretto, *Tropicália: alegoria, alegria*. São Paulo: Ateliê Editorial, 1996, p. 18.

[7] Sigfried Kracauer, "O culto da distração", in *O ornamento das massas*. São Paulo: Cosac Naify, 2009, p. 346.

[8] Theodor Adorno, *Filosofia da nova música*. São Paulo: Perspectiva, 1989, p. 33.

[9] Glauber Rocha, "O anjo, o moleque e a Maria de Iansã", in Sergio Cohn e Frederico Coelho (orgs.), *Tropicália*. Rio de Janeiro: Azougue, 2008, p. 147.

[10] Torquato Neto, "Tropicalismo para iniciantes", in Sergio Cohn e Frederico Coelho (orgs.), *Tropicália*. Rio de Janeiro: Azougue, 2008, p. 95.

[11] Décio Pignatari, in Augusto de Campos, *Balanço da bossa e outras bossas*. São Paulo: Perspectiva, 1974, p. 153.

[12] Roberto Schwarz, "Cultura e política, 1964-1969", in *O pai de família e outros ensaios*. São Paulo: Companhia das Letras, 2008, p. 89.

[13] Roberto Schwarz, "*Verdade tropical*: um percurso de nosso tempo", in *Martinha versus Lucrécia*. São Paulo: Companhia das Letras, 2012, p. 97.

[14] Walter Benjamin, "Sobre o conceito de história", in *Magia e técnica, arte e política*. São Paulo: Brasiliense, 1994 — Obras escolhidas, v.1, p. 231.

[15] Walter Benjamin, *Passagens*. Belo Horizonte: UFMG; São Paulo: Imprensa Oficial, 2009, p. 502.

[16] Parafraseio, aqui, um trecho de Theodor Adorno que deveria constar em sua *Teoria estética*, no qual ele formula que, "se alguém não entende o aspecto puramente musical de uma sinfonia de Beethoven, compreende-a tampouco como alguém que nela não percebe o eco da Revolução Francesa". Theodor Adorno, *Experiência e criação artística*. Lisboa: Edições 70, 2003, p. 175.

[17] Lorenzo Mammì, "A era do disco", in *Revista Piauí*, nº 89, fev. de 2014.

[18] George Steiner, *No castelo do Barba Azul*. São Paulo: Companhia das Letras, 1991, p. 119.

[19] Santuza Cambraia Naves, *Canção popular no Brasil*. Rio de Janeiro: Civilização brasileira, 2010, p. 19-20.

[20] Torquato Neto, in Paulo Roberto Pires (org.), *Torquatália Vol. I — Do lado de dentro*. Rio de Janeiro: Rocco, 2004, p. 66.

[21] Hélio Oiticica, *Aspiro ao grande labirinto*. Rio de Janeiro: Rocco, 1986, p. 99.

[22] Sérgio Martins, *Constructing an Avant-Garde: Art in Brazil, 1949-1979*. Cambridge: MIT Press, 2013, p. 66.

[23] Paulo Venâncio Filho, "*Tropicália*: sua hora e lugar", in *A presença da arte*. São Paulo: Cosac Naify, 2013, p. 210.

[24] Roberto Schwarz, "Cultura e política, 1964-1969", in *O pai de família e outros ensaios*. São Paulo: Companhia das Letras, 2008.

[25] Celso Favaretto, *Tropicália: alegoria, alegria*. São Paulo: Ateliê Editorial, 1996.

[26] Gilberto Gil, in Augusto de Campos (org.), *Balanço da bossa e outras bossas*. São Paulo: Perspectiva, 1974, p. 193.

[27] Augusto de Campos, *Balanço da bossa e outras bossas*. São Paulo: Perspectiva, 1974, p. 154.

[28] Guilherme Wisnik, *Caetano Veloso*. São Paulo: PubliFolha, 2005, p. 63.

[29] Nelson Motta, "A cruzada tropicalista", in Sergio Cohn e Frederico Coelho (orgs.), *Tropicália*. Rio de Janeiro: Azougue, 2008, p. 50.

[30] Caetano Veloso, *Verdade tropical*. São Paulo: Companhia das Letras, 1997, p. 192.

[31] Caetano Veloso, in Augusto de Campos (org.), *Balanço da bossa e outras bossas*. São Paulo: Perspectiva, 1974, p. 207.

[32] Hélio Oiticica, "Tropicália", in Carlos Basualdo (org.), *Tropicália: uma revolução na cultura brasileira*. São Paulo: Cosac Naify, 2007, p. 240.

[33] Hélio Oiticica, "Tropicália", in Carlos Basualdo (org.), *Tropicália: uma revolução na cultura brasileira*. São Paulo: Cosac Naify, 2007, p. 240.

[34] Hermano Vianna, "Miserere nóbis", in Ana de Oliveira (org.), *Tropicália ou Panis et circencis*. São Paulo: Iyá Omin, 2010, p. 16.

[35] Capinan. Site Tropicália: http://tropicalia.com.br/ilumencarnados-seres/entrevistas/capinan-2.

[36] Capinan. Site Tropicália: http://tropicalia.com.br/ilumencarnados-seres/entrevistas/capinan-2.

[37] Elio Gaspari, *A ditadura envergonhada*. Intrínseca: Rio de Janeiro, 2014.

[38] Elio Gaspari, *A ditadura escancarada*. Intrínseca: Rio de Janeiro, 2014.

[39] Frederico Coelho, *Eu, brasileiro, confesso minha culpa e meu pecado: cultura marginal no Brasil das décadas de 1960 e 1970*. Rio de Janeiro: Civilização Brasileira, 2010, p. 169.

[40] Caetano Veloso, "Diferentemente dos americanos do norte", in *O mundo não é chato*. São Paulo: Companhia das Letras, 2005, p. 46.

[41] Caetano Veloso, "Diferentemente dos americanos do norte", in *O mundo não é chato*. São Paulo: Companhia das Letras, 2005, p. 51.

[42] Octavio Paz, *Os filhos do barro*. Rio de Janeiro: Nova Fronteira, 1984, p. 134.

[43] Octavio Paz, *Corriente alterna*. Cidade do México: Siglo Veintiuno, 2005.

[44] Heloisa B. de Hollanda e Marcos A. Gonçalves, *Cultura e participação nos anos 60*. São Paulo: Brasiliense, 1982, p. 66.

[45] Gilberto Gil, in Marcelo Machado (diretor), *Tropicália* (filme-documentário, 2012).

[46] Caetano Veloso, "Diferentemente dos americanos do norte", in *O mundo não é chato*. São Paulo: Companhia das Letras, 2005, p. 48.

[47] Octavio Paz, *A busca do presente*. Rio de Janeiro: Bazar do Tempo, 2017, p. 65.

[48] Oswald de Andrade, "Novas dimensões da poesia", in *Estética e política*. São Paulo: Globo, 1992, p. 118.

[49] Caetano Veloso, in Augusto de Campos (org.), *Balanço da bossa e outras bossas*. São Paulo: Perspectiva, 1974, p. 207.

[50] Caetano Veloso, *Verdade tropical*. São Paulo: Companhia das Letras, 1997, p. 105.

[51] Ismail Xavier, *Alegorias do subdesenvolvimento*. São Paulo: Cosac Naify, 2012, p. 97, 123.

[52] Flora Süssekind, "Coro, contrários, massa: a experiência tropicalista e o Brasil de fins dos anos 1960", in Carlos Basualdo (org.), *Tropicália: uma revolução na cultura brasileira*. São Paulo: Cosac Naify, 2007, p. 47.

[53] Augusto de Campos, *Balanço da bossa e outras bossas*. São Paulo: Perspectiva, 1974, p. 262.

[54] Roberto Schwarz, "Cultura e política, 1964-1969", in *O pai de família e outros ensaios*. São Paulo: Companhia das Letras, 2008, p. 73.

[55] Caetano Veloso, *Verdade tropical*. São Paulo: Companhia das Letras, 1997, p. 106.

[56] José Paulo Netto e outros, in *Realismo e anti-realismo na literatura brasileira*. Rio de Janeiro: Paz e Terra, 1974.

[57] Caetano Veloso, *Verdade tropical*. São Paulo: Companhia das Letras, 1997, p. 116.

[58] Caetano Veloso, *Verdade tropical*. São Paulo: Companhia das Letras, 1997, p. 116.

[59] Caetano Veloso, *Verdade tropical*. São Paulo: Companhia das Letras, 1997, p. 418.

[60] Augusto Boal, "Que pensa você do teatro brasileiro?", in Carlos Basualdo (org.), *Tropicália: uma revolução na cultura brasileira.* São Paulo: Cosac Naify, 2007, p. 270.

[61] Roberto Schwarz, "*Verdade tropical*: um percurso de nosso tempo", in *Martinha versus Lucrécia.* São Paulo: Companhia das Letras, 2012, p. 89.

[62] Caetano Veloso, *Verdade tropical.* São Paulo: Companhia das Letras, 1997, p. 280.

[63] Caetano Veloso, *Verdade tropical.* São Paulo: Companhia das Letras, 1997, p. 282.

[64] Caetano Veloso, *Verdade tropical.* São Paulo: Companhia das Letras, 1997, p. 115.

[65] Augusto Boal, "Que pensa você do teatro brasileiro?", in Carlos Basualdo (org.), *Tropicália: uma revolução na cultura brasileira.* São Paulo: Cosac Naify, 2007, p. 268.

[66] Augusto Boal, "Que pensa você do teatro brasileiro?", in Carlos Basualdo (org.), *Tropicália: uma revolução na cultura brasileira.* São Paulo: Cosac Naify, 2007, p. 272.

[67] Noemi Jaffe, "Panis et circencis", in Ana de Oliveira (org.), *Tropicália ou Panis et circencis.* São Paulo: Iyá Omin, 2010, p. 16.

[68] Paulo Eduardo Lopes, *A desinvenção do som: leituras dialógicas do tropicalismo.* Campinas, SP: Pontes, 1999, p. 174.

[69] Heloisa Buarque de Hollanda, *Impressões de viagem: CPC, vanguarda e desbunde: 1960/70.* São Paulo: Brasiliense, 1980, p. 61.

[70] Octavio Paz, *Os filhos do barro.* Rio de Janeiro: Nova Fronteira, 1984, p. 191.

[71] Leandro Konder, "A rebeldia, os intelectuais e a juventude", in *Revista Civilização Brasileira*, n. 15. Rio de Janeiro: Civilização Brasileira, set. 1967, p. 135-45.

[72] Marcelo Ridenti, *O fantasma da revolução brasileira.* São Paulo: Unesp, 2005, p. 22.

[73] Marcelo Ridenti, *O fantasma da revolução brasileira.* São Paulo: Unesp, 2005, p. 86.

[74] Karl Marx, *A ideologia alemã.* São Paulo: Boitempo, 2007, p. 42.

[75] Caetano Veloso, "É proibido proibir", in Carlos Basualdo (org.), *Tropicália: uma revolução na cultura brasileira*. São Paulo: Cosac Naify, 2007, p. 244.

[76] Daniel Aarão Reis, *Ditadura e democracia no Brasil*. Rio de Janeiro: Zahar, 2014.

[77] Herbert Marcuse, *Eros e civilização*. Rio de Janeiro: Zahar, 1968, p. 39.

[78] Michel Foucault, "Os intelectuais e o poder", in *Microfísica do poder*. Rio de Janeiro: Graal, 1979, p. 74, 78.

[79] Miguel Bezzi Conde, *Políticas do tempo: limiares do moderno e do contemporâneo na literatura brasileira* (Rio de Janeiro: tese de doutorado defendida no Departamento de Letras da PUC-Rio sob orientação da professora Rosana Kohl Bines, 2017).

[80] Idelber Avelar, *Alegorias da derrota: a ficção pós-ditatorial e o trabalho de luto na América Latina*. Belo Horizonte: Ed. UFMG, 2003, p. 22.

[81] Caetano Veloso, "Que caminhos seguir na música popular brasileira?", in Sergio Cohn; Frederico Coelho (orgs.), *Tropicália*. Rio de Janeiro: Azougue, 2008, p. 30.

[82] Jeanne Marie Gagnebin, *História e narração em Walter Benjamin*. São Paulo: Perspectiva, 1999, p. 38.

[83] José Miguel Wisnik, "Algumas questões de música e política no Brasil", in *Sem receita*. São Paulo: PubliFolha, 2004, p. 209.

[84] José Miguel Wisnik, "O minuto e o milênio ou por favor, professor, uma década de cada vez", in *Sem receita*. São Paulo: PubliFolha, 2004, p. 181.

[85] Eduardo Jardim, *Tudo em volta está deserto*. Rio de Janeiro: Bazar do Tempo, 2017, p. 74-5.

[86] Caetano Veloso, *Verdade tropical*. São Paulo: Companhia das Letras, 1997, p. 272.

[87] Philippe Lacoue-Labarthe e Jean-Luc Nancy, *L'Absolu littéraire*. Paris: Seuil, 1978, p. 17.

[88] Lygia Clark, *Lygia Clark — Hélio Oiticica: cartas, 1964-74*. Rio de Janeiro: UFRJ, 1998, p. 56.

[89] Hélio Oiticica, "Tropicália", in Carlos Basualdo (org.), *Tropicália: uma revolução na cultura brasileira*. São Paulo: Cosac Naify, 2007, p. 239.

[90] Augusto de Campos, *Balanço da bossa e outras bossas*. São Paulo: Perspectiva, 1974, p. 290.

[91] Hélio Oiticica, "A trama da terra que treme (O sentido de vanguarda no grupo baiano)", in Sergio Cohn e Frederico Coelho (orgs.), *Tropicália*. Rio de Janeiro: Azougue, 2008, p. 154.

[92] Caetano Veloso, *Verdade tropical*. São Paulo: Companhia das Letras, 1997, p. 131.

[93] Caetano Veloso, *Verdade tropical*. São Paulo: Companhia das Letras, 1997, p. 145.

[94] Caetano Veloso, *Verdade tropical*. São Paulo: Companhia das Letras, 1997, p. 147.

[95] Caetano Veloso, *Verdade tropical*. São Paulo: Companhia das Letras, 1997, p. 192.

[96] Carlos Calado, *Tropicália: a história de uma revolução musical*. São Paulo: Ed. 34, 1997, p. 185.

[97] Hélio Oiticica, "Tropicália", in Carlos Basualdo (org.), *Tropicália: uma revolução na cultura brasileira*. São Paulo: Cosac Naify, 2007, p. 240.

[98] Torquato Neto, "Tropicalismo para iniciantes", in Sergio Cohn e Frederico Coelho (orgs.), *Tropicália*. Rio de Janeiro: Azougue, 2008, p. 95.

[99] Carlos Calado, *Tropicália: a história de uma revolução musical*. São Paulo: Ed. 34, 1997, p. 190.

[100] Carlos Calado, *Tropicália: a história de uma revolução musical*. São Paulo: Ed. 34, 1997, p. 183.

[101] Friedrich Schlegel, *O dialeto dos fragmentos*. São Paulo: Iluminuras, 1997, p. 164-5.

[102] Caetano Veloso, *Verdade tropical*. São Paulo: Companhia das Letras, 1997, p. 283.

[103] Caetano Veloso, *Verdade tropical*. São Paulo: Companhia das Letras, 1997, p. 290.

[104] Gilberto Gil, *Ilustríssima — Folha de S.Paulo* (9/4/2017): http://www1.folha.uol.com.br/ilustrissima/2017/04/1873527-sem-caetano-talvez-tropicalia-nao-existisse-comigo-nao-existiria-diz-gil.shtml.

[105] Gilberto Gil, in Augusto de Campos (org.), *Balanço da bossa e outras bossas*. São Paulo: Perspectiva, 1974, p. 191.

[106] Damiano Cozzella et al., "Manifesto Música Nova", in Carlos Basualdo (org.), *Tropicália: uma revolução na cultura brasileira*. São Paulo: Cosac Naify, 2007, p. 216.

[107] Torquato Neto, "Conversa com Gilberto Gil", in Augusto de Campos (org.), *Balanço da bossa e outras bossas*. São Paulo: Perspectiva, 1968, p. 181.

[108] Gilberto Gil, "Conversa com Gilberto Gil", in Augusto de Campos (org.), *Balanço da bossa e outras bossas*. São Paulo: Perspectiva, 1968, p. 181.

[109] Friedrich Schlegel, *Conversa sobre a poesia*. São Paulo: Iluminuras, 1994, p. 31.

[110] Friedrich Schlegel, *O dialeto dos fragmentos*. São Paulo: Iluminuras, 1997, p. 67.

[111] Gilberto Gil, *Ilustríssima — Folha de S.Paulo* (9/4/2017): http://www1.folha.uol.com.br/ilustrissima/2017/04/1873527-sem-caetano-talvez-tropicalia-nao-existisse-comigo-nao-existiria-diz-gil.shtml.

[112] Friedrich Schlegel, *O dialeto dos fragmentos*. São Paulo: Iluminuras, 1997, p. 34.

[113] Friedrich Schlegel, *O dialeto dos fragmentos*. São Paulo: Iluminuras, 1997, p. 27.

[114] Friedrich Schlegel, *O dialeto dos fragmentos*. São Paulo: Iluminuras, 1997, p. 64.

[115] Caetano Veloso, in Sergio Cohn e Frederico Coelho (orgs.), *Tropicália*. Rio de Janeiro: Azougue, 2008, p. 21.

[116] Caetano Veloso, in Sergio Cohn e Frederico Coelho (orgs.), *Tropicália*. Rio de Janeiro: Azougue, 2008, p. 22.

[117] Antonio Cícero, *Finalidades sem fim*. São Paulo: Companhia das Letras, 2005, p. 56.

[118] Glauber Rocha, "O anjo, o moleque e a Maria de Iansã", in Sergio Cohn e Frederico Coelho (orgs.), *Tropicália*. Rio de Janeiro: Azougue, 2008, p. 147.

[119] Glauber Rocha, "O anjo, o moleque e a Maria de Iansã", in Sergio Cohn e Frederico Coelho (orgs.), *Tropicália*. Rio de Janeiro: Azougue, 2008, p. 147.

[120] Friedrich Schlegel, *O dialeto dos fragmentos*. São Paulo: Iluminuras, 1997, p. 64.

[121] Gilberto Gil, "Conversa com Gilberto Gil", in Augusto de Campos, *Balanço da bossa e outras bossas*. São Paulo: Perspectiva, 1968, p. 182.

[122] Friedrich Schlegel, *O dialeto dos fragmentos*. São Paulo: Iluminuras, 1997, p. 30.

[123] Gilberto Gil, "Conversa com Gilberto Gil", in Augusto de Campos, *Balanço da bossa e outras bossas*. São Paulo: Perspectiva, 1968, p. 178.

[124] Santuza Cambraia Naves, *Da Bossa Nova à Tropicália*. Rio de Janeiro: Zahar, 2001, p. 52.

[125] Friedrich Schlegel, *Conversa sobre a poesia*. São Paulo: Iluminuras, 1994, p. 29.

[126] José Ramos Tinhorão, *Pequena história da música popular*. São Paulo: Art Editora, 1991, p. 245.

[127] Christopher Dunn, *Brutalidade jardim: a Tropicália e o surgimento da contracultura brasileira*. São Paulo: Unesp, 2009, p. 52.

[128] Caetano Veloso, "Primeira feira de balanço", in *O mundo não é chato*. São Paulo: Companhia das Letras, 2005, p. 143.

[129] Mário de Andrade, "Música popular, in Oneyda Alvarenga (org.), *Música, doce música*. São Paulo: Martins, 1976, p. 281.

[130] Juliana Pérez González, "Carne para alimento de rádios e discos: o conceito de música popularesca na obra musicológica de Mário de Andrade", in *Revista IEB*, n. 57. São Paulo: dez. 2013.

[131] José Miguel Wisnik. "Getúlio da Paixão Cearense", in Enio Squeff e José Miguel Wisnik (orgs.). *O nacional e o popular na cultura brasileira*. São Paulo: Brasiliense, 2001, p. 133.

[132] Augusto de Campos, *Balanço da bossa e outras bossas*. São Paulo: Perspectiva, 1968, p. 184-5.

[133] Gilberto Gil, "Conversa com Gilberto Gil", in Augusto de Campos, *Balanço da bossa e outras bossas*. São Paulo: Perspectiva, 1974, p. 193.

[134] Gilberto Gil, "Conversa com Gilberto Gil", in Augusto de Campos, *Balanço da bossa e outras bossas*. São Paulo: Perspectiva, 1974, p. 193.

[135] Torquato Neto, "Compositores e críticos", in Sergio Cohn e Frederico Coelho (orgs.), *Tropicália*. Rio de Janeiro: Azougue, 2008, p. 43.

[136] Torquato Neto, "Compositores e críticos", in Sergio Cohn e Frederico Coelho (orgs.), *Tropicália*. Rio de Janeiro: Azougue, 2008, p. 40-1.

[137] Eduardo Jardim, *A brasilidade modernista: sua dimensão filosófica*. Rio de Janeiro: Ed. PUC-Rio; Ponteio, 2016, p. 44.

[138]. Torquato Neto, "Compositores e críticos", in Sergio Cohn e Frederico Coelho (orgs.), *Tropicália*. Rio de Janeiro: Azougue, 2008, p. 43.

[139] Gilberto Gil, "Conversa com Gilberto Gil", in Augusto de Campos (org.), *Balanço da bossa e outras bossas*. São Paulo: Perspectiva, 1974, p. 189.

[140] Augusto de Campos, *Balanço da bossa e outras bossas*. São Paulo: Perspectiva, 1974, p. 185.

[141] Caetano Veloso, in Augusto de Campos (org.), *Balanço da bossa e outras bossas*. São Paulo: Perspectiva, 1968, p. 202.

[142] Caetano Veloso, in Augusto de Campos (org.), *Balanço da bossa e outras bossas*. São Paulo: Perspectiva, 1968, p. 202.

[143] Santuza Cambraia Naves, *Da Bossa Nova à Tropicália*. Rio de Janeiro: Zahar, 2001, p. 53.

[144] Santuza Cambraia Naves, *Da Bossa Nova à Tropicália*. Rio de Janeiro: Zahar, 2001, p. 53.

[145] Caetano Veloso, in Sergio Cohn e Frederico Coelho (orgs.), *Tropicália*. Rio de Janeiro: Azougue, 2008, p. 23.

[146] Clara Gerchman, in *Arte na capa* (Programa do Canal Brasil, 2016): http://canalbrasil.globo.com/programas/arte-na-capa/videos/3694784.htm.

[147] Glauber Rocha, "O anjo, o moleque e a Maria de Iansã", in Sergio Cohn e Frederico Coelho (orgs.), *Tropicália*. Rio de Janeiro: Azougue, 2008, p. 148.

[148] Hélio Oiticica, "A trama da terra que treme (O sentido de vanguarda no grupo baiano)", in Sergio Cohn e Frederico Coelho (orgs.), *Tropicália*. Rio de Janeiro: Azougue, 2008, p. 156.

[149] Gilberto Gil, *Expresso 2222*. Salvador, Corrupio, 1982, p. 34.

[150] Silviano Santiago, "Caetano Veloso enquanto superastro", in *Uma literatura nos trópicos: ensaios sobre dependência cultural*. Rio de Janeiro: Rocco, 2000, p. 158.

[151] Silviano Santiago, "Caetano Veloso enquanto superastro", in *Uma literatura nos trópicos: ensaios sobre dependência cultural*. Rio de Janeiro: Rocco, 2000, p. 165.

[152] Caetano Veloso, in Sergio Cohn e Frederico Coelho (orgs.), *Tropicália*. Rio de Janeiro: Azougue, 2008, p. 21.

[153] Arthur C. Danto, *Após o fim da arte*. São Paulo: Odysseus, 2006, p. 34.

[154] Arthur C. Danto, *Após o fim da arte*. São Paulo: Odysseus, 2006, p. 38.

[155] Mário Chamie, "O trópico entrópico de Tropicália", in Carlos Basualdo (org.), *Tropicália: uma revolução na cultura brasileira*. São Paulo: Cosac Naify, 2007, p. 262.

[156] Arthur C. Danto, *Após o fim da arte*. São Paulo: Odysseus, 2006, p. 33.

[157] Peter Gay, *Modernismo*. São Paulo: Companhia das Letras, 2009.

[158] Caetano Veloso, *Letra só*. São Paulo: Companhia das Letras, 2003, p. 65.

[159] Hélio Oiticica, "A trama da terra que treme (O sentido de vanguarda no grupo baiano)", in Sergio Cohn e Frederico Coelho (orgs.), *Tropicália*. Rio de Janeiro: Azougue, 2008, p. 155.

[160] Hélio Oiticica, "A trama da terra que treme (O sentido de vanguarda no grupo baiano)", in Sergio Cohn e Frederico Coelho (orgs.), *Tropicália*. Rio de Janeiro: Azougue, 2008, p. 164.

[161] Friedrich Schlegel, "Über die Unverständlichkeit", in *Kritische Schriften* (Munique: Carl Hanser Verlag, 1970), p. 535.

[162] Reinhart Koselleck, *Crítica e crise*. Rio de Janeiro: Contraponto; Eduerj, 1999, p. 89.

[163] Augusto de Campos, "Viva vaia", in *Poesia 1949-1979*. São Paulo: Ateliê Editorial, 2014, p. 204-5.

[164] Carlos Calado, *Tropicália: a história de uma revolução musical*. São Paulo: Ed. 34, 1997, p. 207.

[165] Hélio Oiticica, "A trama da terra que treme (O sentido de vanguarda no grupo baiano)", in Sergio Cohn e Frederico Coelho (orgs.), *Tropicália*. Rio de Janeiro: Azougue, 2008, p. 157.

[166] Hélio Oiticica, "Esquema geral da nova objetividade", in Glória Ferreira e Cecília Cotrim (orgs.), *Escritos de artistas: anos 60/70*. Rio de Janeiro: Zahar, 2006, p. 162-3.

[167] Caetano Veloso, *Verdade tropical*. São Paulo: Companhia das Letras, 1997, p. 303.

[168] Tales Ab'Sáber, *ensaio, fragmento*. São Paulo: Ed. 34, 2014, p. 109.

[169] Torquato Neto, in Paulo Roberto Pires (org.), *Torquatália Vol. II — Geleia geral*. Rio de Janeiro: Rocco, 2004, p. 189.

[170] José Guilherme Merquior, *A astúcia da mimese*. São Paulo: José Olympio, 1972, p. 180-1.

[171] Caetano Veloso, *Verdade tropical*. São Paulo: Companhia das Letras, 1997, p. 242.

[172] Augusto de Campos, *Poesia Antipoesia Antropofagia & Etc*. São Paulo: Companhia das Letras, 2015, p. 260-2.

[173] Caetano Veloso, *Verdade tropical*. São Paulo: Companhia das Letras, 1997, p. 246.

[174] Augusto de Campos, "Revistas re-vistas: os antropófagos", *Poesia Antipoesia Antropofagia*. São Paulo: Cortez e Moraes, 1978, p. 124.

[175] Caetano Veloso, *Verdade tropical*. São Paulo: Companhia das Letras, 1997, p. 241.

[176] Caetano Veloso, *Verdade tropical*. São Paulo: Companhia das Letras, 1997, p. 248.

[177] Caetano Veloso, *Verdade tropical*. São Paulo: Companhia das Letras, 1997, p. 247.

[178] Caetano Veloso, *Verdade tropical*. São Paulo: Companhia das Letras, 1997, p. 279.

[179] Oswald de Andrade, "Manifesto da poesia pau-brasil", in *A utopia antropofágica*. São Paulo: Globo, 1995, p. 42.

[180] Torquato Neto, "Conversa com Gilberto Gil", in Augusto de Campos (org.), *Balanço da bossa e outras bossas*. São Paulo: Perspectiva, 1974, p. 190.

[181] Hélio Oiticica, "Esquema geral da nova objetividade", in Glória Ferreira e Cecília Cotrim (orgs.), *Escritos de artistas: anos 60/70*. Rio de Janeiro: Zahar, 2006, p. 155.

[182] Hélio Oiticica, "Tropicália", in Carlos Basualdo (org.), *Tropicália: uma revolução na cultura brasileira*. São Paulo: Cosac Naify, 2007, p. 240.

[183] Glauber Rocha, "Tropicalismo, antropofagia, mito, ideograma", in Carlos Basualdo (org.), *Tropicália: uma revolução na cultura brasileira*. São Paulo: Cosac Naify, 2007, p. 276.

[184] Caetano Veloso, *Verdade tropical*. São Paulo: Companhia das Letras, 1997, p. 245.

[185] Glauber Rocha, "O anjo, o moleque e a Maria de Iansã", in Sergio Cohn e Frederico Coelho (orgs.), *Tropicália*. Rio de Janeiro: Azougue, 2008, p. 147.

[186] Caetano Veloso, *Verdade tropical*. São Paulo: Companhia das Letras, 1997, p. 249.

[187] Oswald de Andrade, "Manifesto antropófago", in *A utopia antropofágica*. São Paulo: Globo, 1995, p. 47.

[188] Meu amigo Rodrigo Nunes foi quem chamou minha atenção para o arranjo de cordas, segundo ele "o maior arranjo de cordas de uma canção popular de todos os tempos". Não discordo.

[189] "O manifesto de Tom Zé", in *Ilustrada — Folha de S.Paulo* (20/10/1999).

[190] Caetano Veloso, *Verdade tropical*. São Paulo: Companhia das Letras, 1997, p. 249.

[191] Oswald de Andrade, "Manifesto antropófago", in *A utopia antropofágica*. São Paulo: Globo, 1995, p. 47.

[192] Oswald de Andrade, "Manifesto antropófago", in *A utopia antropofágica*. São Paulo: Globo, 1995, p. 52.

[193] Oswald de Andrade, "Manifesto antropófago", in *A utopia antropofágica*. São Paulo: Globo, 1995, p. 48.

[194] Jorge Mautner, "Hino do Senhor do Bonfim", in Ana de Oliveira (org.), *Tropicália ou Panis et circencis*. São Paulo: Iyá Omin, 2010, p. 114.

[195] Manuel da Costa Pinto, "Três caravelas", in Ana de Oliveira (org.), *Tropicália ou Panis et circencis*. São Paulo: Iyá Omin, 2010, p. 78.

[196] Oswald de Andrade, "Manifesto antropófago", in *A utopia antropofágica*. São Paulo: Globo, 1995, p. 49.

[197] Gilberto Vasconcellos, *Música popular: de olho na fresta*. Rio de Janeiro: Graal, 1977, p. 29.

[198] Silviano Santiago, "Apesar de dependente, universal", in *Vale quanto pesa*. Rio de Janeiro: Paz e Terra, 1982, p. 22.

[199] Haroldo de Campos, in Oswald de Andrade, *Oswald de Andrade: trechos escolhidos por Haroldo de Campos*. Rio de Janeiro: Agir, 1967, p. 16.

[200] Haroldo de Campos. "Da razão antropofágica", in *Revista Colóquio/ Letras*, nº 62, jul. 1981.

[201] Augusto de Campos, *Balanço da bossa e outras bossas*. São Paulo: Perspectiva, 1974, p. 60.

[202] Oswald de Andrade, "Manifesto da poesia pau-brasil", in *A utopia antropofágica*. São Paulo: Globo, 1995, p. 41.

[203] Augusto de Campos, *Balanço da bossa e outras bossas*. São Paulo: Perspectiva, 1974, p. 142.

[204] Marshall MacLuhan, *A galáxia de Gutenberg*. São Paulo: Ed. Nacional; Edusp, 1972, p. 37.

[205] Caetano Veloso, *Verdade tropical*. São Paulo: Companhia das Letras, 1997, p. 33.

[206] Caetano Veloso, *Verdade tropical*. São Paulo: Companhia das Letras, 1997, p. 168.

[207] Mário Pedrosa, "Do *pop* americano ao sertanejo Dias", in *Dos murais de Portinari aos espaços de Brasília*. São Paulo: Perspectiva, 1981, p. 221.

[208] Paulo Sérgio Duarte, *Anos 60: transformações da arte no Brasil*. Rio de Janeiro: Campos Gerais, 1998, p. 42-3.

[209] Caetano Veloso, *Verdade tropical*. São Paulo: Companhia das Letras, 1997, p. 248.

[210] Walter Benjamin, "A obra de arte na era de sua reprodutibilidade técnica", in *Magia e técnica, arte e política*. São Paulo: Brasiliense, 1994 — Obras escolhidas, v.1, p. 175.

[211] Max Horkheimer; Theodor Adorno, *Dialética do esclarecimento*. Rio de Janeiro: Zahar, 1985, p. 114.

[212] Theodor Adorno, *Teoria estética.* Lisboa: Edições 70, 1993, p. 167.

[213] Augusto de Campos, *Balanço da bossa e outras bossas.* São Paulo: Perspectiva, 1974, p. 179.

[214] Liv Sovik, "Ponha seu capacete: uma viagem à tropicália pós-moderna", in *Revista da Bahia,* nº 28, Funceb, 5/1998, p. 60.

[215] Caetano Veloso, in Augusto de Campos (org.), *Balanço da bossa e outras bossas.* São Paulo: Perspectiva, 1974, p. 199.

[216] Caetano Veloso, in Augusto de Campos (org.), *Balanço da bossa e outras bossas.* São Paulo: Perspectiva, 1974, p. 200.

[217] Guy Debord, *A sociedade do espetáculo.* Rio de Janeiro: Contraponto, 1992, p. 13.

[218] Oswald de Andrade, "O caminho percorrido", in *Ponta de lança.* Rio de Janeiro: Civilização Brasileira, 1971, p. 95.

[219] Umberto Eco, *Apocalípticos e integrados.* São Paulo: Perspectiva, 1998, p. 14.

[220] José Carlos Capinan, "Que caminhos seguir na música popular brasileira?", in Sergio Cohn e Frederico Coelho (orgs.), *Tropicália.* Rio de Janeiro: Azougue, 2008, p. 24.

[221] Nara Leão, "Que caminhos seguir na música popular brasileira?", in Sergio Cohn e Frederico Coelho (orgs.), *Tropicália.* Rio de Janeiro: Azougue, 2008, p. 29.

[222] José Carlos Capinan e Torquato Neto, "Capinan dá as cartas", in Sergio Cohn; Frederico Coelho (orgs.), *Tropicália.* Rio de Janeiro: Azougue, 2008, p. 35.

[223] Gilberto Gil, "Debate na FAU", in Sergio Cohn e Frederico Coelho (orgs.), *Tropicália.* Rio de Janeiro, Azougue: 2008, p. 130.

[224] Caetano Veloso, "É proibido proibir", in Carlos Basualdo (org.), *Tropicália: uma revolução na cultura brasileira.* São Paulo: Cosac Naify, 2007, p. 244.

[225] Caetano Veloso, "Divino maravilhoso", in Sergio Cohn e Frederico Coelho (orgs.), *Tropicália.* Rio de Janeiro: Azougue, 2008, p. 174.

[226] Ivana Bentes, "Multitropicalismo, cine-sensação e dispositivos teóricos", in Carlos Basualdo (org.), *Tropicália: uma revolução na cultura brasileira.* São Paulo: Cosac Naify, 2007, p. 99.

[227] Hélio Oiticica, "A trama da terra que treme (O sentido de vanguarda no grupo baiano)", in Sergio Cohn e Frederico Coelho (orgs.), *Tropicália*. Rio de Janeiro: Azougue, 2008, p. 163.

[228] Gilberto Gil, in Augusto de Campos (org.), *Balanço da bossa e outras bossas*. São Paulo: Perspectiva, 1974, p. 198.

[229] Caetano Veloso, *Alegria, alegria*. Rio de Janeiro: Pedra q ronca, 1976, p. 23.

[230] Caetano Veloso, *Verdade tropical*. São Paulo: Companhia das Letras, 1997, p. 249.

[231] Roberto Schwarz, "Cultura e política, 1964-1969", in *O pai de família e outros ensaios*. São Paulo: Companhia das Letras, 2008, p. 88, 90.

[232] Roberto Schwarz, "Cultura e política, 1964-1969", in *O pai de família e outros ensaios*. São Paulo: Companhia das Letras, 2008, p. 87.

[233] Roberto Schwarz, "A carroça, o bonde e o poeta modernista", in *Que horas são?*. São Paulo: Companhia das Letras, 1987, p. 12.

[234] Roberto Schwarz, "A carroça, o bonde e o poeta modernista", in *Que horas são?*. São Paulo: Companhia das Letras, 1987, p. 22.

[235] Walter Benjamin, *Origem do drama barroco alemão*. São Paulo: Brasiliense, 1988, p. 184.

[236] Cf. Peter Bürger, *Teoria da vanguarda*. São Paulo: Cosac Naify, 2008, p. 140.

[237] Walter Benjamin, *Origem do drama barroco alemão*. São Paulo: Brasiliense, 1988, p. 200.

[238] Walter Benjamin, *Origem do drama barroco alemão*. São Paulo: Brasiliense, 1988, p. 199.

[239] Walter Benjamin, *Origem do drama barroco alemão*. São Paulo: Brasiliense, 1988, p. 188.

[240] Georg Lukács, "Alegoría y símbolo", in *Estética 1*. Barcelona: Grijalbo, 1982, p. 467-8.

[241] Christopher Dunn, *Brutalidade jardim: a Tropicália e o surgimento da contracultura brasileira*. São Paulo: Unesp, 2009, p. 114.

[242] Augusto de Campos, *Balanço da bossa e outras bossas*. São Paulo: Perspectiva, 1974, p. 56.

[243] Silviano Santiago, "A permanência do discurso da tradição no Modernismo", in *Nas malhas da letra*. Rio de Janeiro: Rocco, 2002, p. 134.

[244] Fredric Jameson, *Postmodernism; or The Cultural Logic of Late Capitalism*. Durham: Duke University Press, 1991, p. 17-8.

[245] Walter Benjamin, *Passagens*. Belo Horizonte: UFMG; São Paulo: Imprensa Oficial, 2009, p. 518.

[246] Walter Benjamin, "Sobre o conceito de história", in *Magia e técnica, arte e política*. São Paulo: Brasiliense, 1994 — Obras escolhidas, v.1, p. 231.

[247] Augusto Boal, "Que pensa você do teatro brasileiro?", in Carlos Basualdo (org.), *Tropicália: uma revolução na cultura brasileira*. São Paulo: Cosac Naify, 2007, p. 272.

[248] Nuno Ramos, "Suspeito que estamos", in *Folha de S.Paulo* (28 de maio de 2014).

[249] Nicholas Brown, "A obra de arte na era de sua completa subsunção ao capital", in Fabio Akcelrud Durão; Daniela Mussi; Andréia Maranhão (orgs.), *Marxismo: cultura e educação*. São Paulo: Nankin Editorial, 2015, p. 11.

[250] Nicholas Brown, "Tropicália, pós-modernismo e a subsunção real do trabalho sob o capital", in Maria Elisa Cevasco e Milton Ohata (orgs.), *Roberto Schwarz: um crítico na periferia do capitalismo*. São Paulo: Companhia das Letras, 2007, p. 306.

[251] Nicholas Brown, "Tropicália, pós-modernismo e a subsunção real do trabalho sob o capital", in Maria Elisa Cevasco e Milton Ohata (orgs.), *Roberto Schwarz: um crítico na periferia do capitalismo*. São Paulo: Companhia das Letras, 2007, p. 300.

[252] Décio Pignatari, "& se não perceberam que a poesia é linguagem", in Augusto de Campos; Décio Pignatari e Haroldo de Campos, *Teoria de poesia concreta*. São Paulo: Duas Cidades, 1975, p. 171.

© Editora de Livros Cobogó, 2018

Organização da coleção
Frederico Coelho e Mauro Gaspar

Editora-chefe
Isabel Diegues

Edição
Natalie Lima e Valeska de Aguirre

Gerente de produção
Melina Bial

Revisão final
Eduardo Carneiro

Capa
Radiográfico

Projeto gráfico e diagramação
Mari Taboada

CIP-BRASIL. CATALOGAÇÃO-NA-FONTE
SINDICATO NACIONAL DOS EDITORES DE LIVROS, RJ

D874t Duarte, Pedro
Tropicália ou Panis et circencis / Pedro Duarte. - 1. ed. - Rio de Janeiro: Cobogó, 2018.

176 p. (O livro do disco)

Inclui bibliografia
ISBN 978-85-5591-051-7

1. Tropicalismo (Movimento musical) - História e crítica. 2. Música popular - Brasil - História e crítica. 3. Brasil - História - 1964-1985. I. Título. II. Série.

18-49492

CDD: 981.062
CDU: 94(81)"1960/1969"

Leandra Felix da Cruz - Bibliotecária - CRB-7/6135

Todos os direitos em língua portuguesa reservados à
Editora de Livros Cobogó Ltda.
Rua Gen. Dionísio, 53, Humaitá
Rio de Janeiro, RJ, Brasil –22271-050
www.cobogo.com.br

O LIVRO DO DISCO

Organização: Frederico Coelho | Mauro Gaspar

The Velvet Underground | **The Velvet Underground and Nico**
Joe Harvard

Jorge Ben Jor | **A tábua de esmeralda**
Paulo da Costa e Silva

Tom Zé | **Estudando o samba**
Bernardo Oliveira

DJ Shadow | **Endtroducing...**
Eliot Wilder

O Rappa | **LadoB LadoA**
Frederico Coelho

Sonic Youth | **Daydream nation**
Matthew Stearns

Legião Urbana | **As quatro estações**
Mariano Marovatto

Joy Division | **Unknown Pleasures**
Chris Ott

Stevie Wonder | **Songs in the Key of Life**
Zeth Lundy

Jimi Hendrix | **Electric Ladyland**
John Perry

Led Zeppelin | **Led Zeppelin IV**
Erik Davis

Neil Young | **Harvest**
Sam Inglis

Beastie Boys | **Paul's Boutique**
Dan LeRoy

Gilberto Gil | **Refavela**
Maurício Barros de Castro

Nirvana | **In Utero**
Gillian G. Gaar

David Bowie | **Low**
Hugo Wilcken

Milton Nascimento e Lô Borges | **Clube da Esquina**
Paulo Thiago de Mello

Tropicália ou Panis et circensis
Pedro Duarte

Clara Nunes | **Guerreira**
Giovanna Dealtry

Chico Science e Nação Zumbi | **Da lama ao caos**
Lorena Calábria

Gang 90 & Absurdettes | **Essa tal de Gang 90 & Absurdettes**
Jorn Konijn

Dona Ivone Lara | **Sorriso negro**
Mila Burns

Racionais MC's | **Sobrevivendo no inferno**
Arthur Dantas Rocha

Nara Leão | **Nara — 1964**
Hugo Sukman

Marina Lima | **Fullgás**
Renato Gonçalves

Beth Carvalho | **De pé no chão**
Leonardo Bruno

2023
———————
1ª reimpressão

Este livro foi composto em Helvetica.
Impresso pela gráfica BMF Gráfica e Editora,
sobre papel Offset 75g/m².